# Inhalt

# Burn-out

## Erprobte Wege aus der Falle

Claudia Fiedler
Ilse Goldschmid

# So nutzen Sie dieses Buch

Die folgenden Elemente erleichtern Ihnen die Orientierung im Buch:

### Beispiele

*In diesem Buch finden Sie zahlreiche Beispiele, die die geschilderten Sachverhalte veranschaulichen.*

### Definitionen

*Hier werden Begriffe kurz und prägnant erläutert.*

Die Merkkästen enthalten Empfehlungen und hilfreiche Tipps.

**Auf den Punkt gebracht**

Am Ende jedes Kapitels finden Sie eine kurze Zusammenfassung des behandelten Themas.

# Vorwort

Grenzen und Orientierungen, die uns über viele Jahrzehnte geholfen, unser Leben stabilisiert und ihm Sinn gegeben haben, sind seit einiger Zeit in Auflösung begriffen: Patchworkfamilien, Patchworkarbeit, Patchworkleben in einer Patchworkgesellschaft – das erfordert neue Fähigkeiten und Strategien von Menschen, Gruppen und dem Gemeinwesen.

Diese Veränderungen zeigen sich auch an den sich verändernden Leiden: Staublungen und Asbestose verschwinden. Sie werden abgelöst von psychosomatischen Problemen und Erkrankungen, Depression und Burn-out. Sie sind, wenn man so will, die logischen Begleiter und Mahner des New Age. Der Vorteil dabei: Sie kündigen sich oft über einen längeren Zeitraum an, zuerst leise, dann immer deutlicher. Gerade bei Burn-out ist dies so. Man kann also etwas dagegen unternehmen, es nicht so weit kommen lassen.

Hier sind alle aufgerufen, tätig zu werden: Die Gesellschaften müssen sich überlegen, welchen Wert sie Arbeit zumessen. Die Betriebe und Unternehmen werden sich um den Erhalt der Leistungsfähigkeit ihrer Mitarbeiter kümmern müssen – eine Aufgabe, die Fragen nach Werten, Kommunikationskultur und konkrete Angebote an die Belegschaft einschließt.

Und schließlich ist jeder Einzelne dazu aufgerufen, seine Einstellungen zu überprüfen. Das erfordert Wissen um die Probleme, Kreativität im Finden von neuen Zielen und Wegen, aber auch Mut und sicher mehr Risikobereitschaft, diese dann auch zu gehen.

In diesem Büchlein erfahren Sie alles Nötige für Ihren persönlichen Neustart. Und ich wünsche Ihnen dazu viel Erfolg!

Hans Plank

Head of Corporate Health Management

HypoVereinsbank

# Einleitung

> *Ratsuchender: „Ich bin total ausgebrannt, ich kann einfach nicht mehr. Ich denke, ich habe ein Burn-out."*
>
> *Beraterin: „Wie zeigt sich das denn bei Ihnen? Worunter leiden Sie konkret?"*
>
> *Ratsuchender: „Ich fühle mich, als befände ich mich in einer Abwärtsspirale. Ich komme da irgendwie nicht mehr raus. Deswegen bin ich bei Ihnen."*

So oder so ähnlich beginnt der erste Kontakt zwischen Beratern und Menschen, die in die Burn-out-Falle geraten sind und sich Hilfe und Unterstützung holen, um da wieder herauszukommen. Obwohl die meisten Menschen schon einmal das Wort „Burn-out" gehört oder gelesen haben, ist der Begriff dennoch nicht ganz klar. Ist Burn-out eine psychische Krankheit? Oder doch nur ein vorübergehendes Erscheinungsbild?

Für viele gehört ein Burn-out auch zum guten Ton – das bedeutet, in einer Welt der Leistung und der Anerkennung dazuzugehören und Aufmerksamkeit von den Kollegen und Freunden zu erhalten. Ein Burn-out zu haben heißt, „gebrannt" zu haben, fleißig und ehrgeizig zu sein, denn nur wer entflammt war, kann ausbrennen.

Dabei wird oft übersehen, dass ein Burn-out mit massiven körperlichen und seelischen Beschwerden einhergeht. Burn-out wird von den Betroffenen als eine Lebenslage erlebt, aus der sie selbst nur sehr schwer oder allein gar nicht herauskommen. Wer wirklich ein Burn-out hat und nicht nur Freitagabend erschöpft vom Wochengeschehen ist, am Wochenende aber wieder Kraft schöpft und sich am Sonntagabend auf die Arbeit freut, der leidet wirklich und riskiert seine Gesundheit.

Viele Statistiken berichten über einen enormen Anstieg von psychosomatischen Symptomen und Erkrankungen. Erschöpfungssyndrom und Mangel an Entspannung oder Freizeit sind immer häufiger Gründe für einen Arztbesuch.

Das Anliegen der beiden Autorinnen, die als psychosoziale Beraterinnen und Coachs tätig sind und mit Menschen arbeiten, denen ein Burn-out droht oder die bereits ausgebrannt sind, ist es, das Thema und die Betroffenen ernst zu nehmen, indem sie frühzeitig auf bestimmte Anzeichen hinweisen und die Betroffenen und deren Umfeld für dieses Thema sensibilisieren.

Dieser Ratgeber soll neben einigen wenigen wissenschaftlichen Aspekten vor allem die Erfahrungen der beiden Autorinnen im Umgang mit von Burn-out Bedrohten bzw. Betroffenen darstellen und erprobte Wege aus der Falle aufzeigen.

Im ersten Kapitel laden wir Sie ein, in einigen Selbsttests Ihre ganz persönliche Bestandsaufnahme Ihrer momentanen Lebenslage zu machen im Hinblick darauf, ob Sie die ersten Burn-out-Symptome aufweisen, ob Sie gefährdet oder bereits ausgebrannt sind.

Das zweite Kapitel widmet sich den körperlichen und psychischen Frühwarnsystemen sowie den möglichen Ursachen und blickt auf die gesundheitlichen Auswirkungen.

Anschließend zeigt Ihnen dieser Ratgeber, mit welchen effektiven Maßnahmen Sie sich vor einem Burn-out schützen, sowie weitere Unterstützungsmöglichkeiten, um den Weg aus dem Burn-out zu finden.

Durch den Ratgeber begleiten uns zwei Personen, Herr Anton und Frau Wagner, die beide in einer sehr ähnlichen Lebenslage stecken, doch nur einer erlebt sich als ausgebrannt. Woran liegt das?

Die Namen der dargestellten Personen sind unserer beraterischen Fantasie entsprungen. Jede Ähnlichkeit mit realen Personen ist rein zufällig.

Wir hoffen, dass Ihnen dieser Ratgeber eine gute Unterstützung bietet, sich erfolgreich vor einem Burn-out zu schützen, und wünschen Ihnen, dass Sie Ihre jeweiligen Lebenssituationen mit viel Kraft, Geschick und gezielt angewandten Strategien bewältigen.

# Burn-out – ein Modebegriff?

Zunächst stellen wir uns einmal die Frage, ob Burn-out ein Leiden unserer modernen Gesellschaft ist – einer Gesellschaft, die gekennzeichnet ist von großer Komplexität, erhöhter Flexibilität, enormer Leistungssteigerung sowie geringer Sicherheit. Ist die Arbeit, die einen großen Stellenwert in unserer Gesellschaft hat, ein Krankmacher, die einzige Ursache der immer weiter steigenden Zahl der von Burn-out Betroffenen? Oder begünstigt ein Ungleichgewicht zwischen den verschiedenen Lebensbereichen wie Beruf und Privatleben ein Burn-out oder sind es gar persönliche Eigenschaften und erlernte beziehungsweise nicht erlernte Bewältigungsstrategien, die dabei eine Rolle spielen?

Um dies zu beantworten, ist zunächst ein Blick in die Vergangenheit zu den Ursprüngen der Begriffsprägung notwendig: Der Begriff Burn-out wurde in den 1970er-Jahren von dem Psychoanalytiker Herbert J. Freudenberger erstmals angewendet, der es am eigenen Leib erlebte und ähnliche Symptome auch bei seinem Team beobachtete. Mehrere Tätigkeiten – seine Praxis, familiäre Verpflichtungen, ehrenamtliche Arbeit mit drogensüchtigen jungen Prostituierten – führten bei ihm zu einer zunehmenden Erschöpfung, zu Ausgelaugtheit, dauerhafter Müdigkeit, Resignation, Unausgeglichenheit und Gereiztheit. Für seine Familie, Freunde und Hobbys blieb kaum Zeit. Ein Ungleichgewicht zwischen den einzelnen Lebensbereichen stellte sich ein. Ähnlich erging es seinen ebenso engagierten Kollegen, bei denen er ähnliche Symptome beobachtete. Freudenberger zeigte, dass es eine Erschöpfung durch

Mitgefühl und Einfühlungsvermögen gibt, wovon gerade Menschen in sozialen Berufen, zum Beispiel Krankenschwestern, Sozialarbeiter und Ärzte, und in helfenden Rollen, wie Hausfrauen und Mütter, betroffen sein können.

Insbesondere bei sehr engagierten und ehrgeizigen Menschen, die ihre persönliche Leistungsgrenze dauerhaft überschreiten, kommt es häufig zu Aussprüchen wie: „Ich fühle mich ausgebrannt", oder: „Ich bin absolut am Ende meiner Kräfte." Nach getaner Arbeit fühlen sich viele nicht mehr in der Lage, ihren Hobbys nachzugehen oder mit dem Partner, den Freunden und der Familie etwas zu unternehmen, um an der persönlichen „Tankstelle" wieder Energie zu tanken.

> Wenn der Ausgleich verschiedener Lebensbereiche – Beruf und Karriere, Gesundheit, Beziehungen, Sicherheit, Privatleben und Hobbys – nicht mehr gewährleistet ist, kommt es zur Dysbalance dieser Lebensbereiche und führt zum Burn-out.

Doch auch vor Freudenberger wurde ein ähnliches Phänomen beobachtet: Der New Yorker Nervenarzt G. M. Bread beschrieb bereits im 19. Jahrhundert Symptome, die wir heute als Auswirkungen eines chronisch unkontrollierten Stresses oder der Nervosität oder eben als Burn-out bezeichnen. Das Leitsymptom ist die totale Erschöpfung, begleitet von unspezifischen Beschwerden und Reizbarkeit. Die ersten beschriebenen Symptome tauchen in Europa zeitgleich mit dem Begriff der „Amerikanisierung" auf. Dieser Begriff stand für ein hektisches, nach kapitalistischen Prinzipien orientiertes Berufsleben, das sich vor allem in der Großstadt abspielt und den Bewohnern nicht einmal nachts Ruhe und Erholung gewährt. Darüber hinaus ist das 19. Jahrhundert geprägt von Industrialisierung und Urbanisierung, von der Dampfschifffahrt und von der Telegrafie, die eine Informationsflut zur Folge hatte. Den Zustand der totalen Erschöpfung führte man auf den beschleunigten, technisierten und ökonomischen Lebensalltag zurück, der die Betroffenen, deren Fähigkeiten nicht mehr ausreichen, um den Anforderungen des modernen Lebens zu bewältigen, überfordert. Kommt Ihnen das bekannt vor?

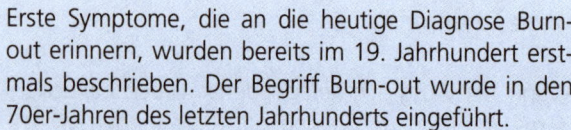

Erste Symptome, die an die heutige Diagnose Burn-out erinnern, wurden bereits im 19. Jahrhundert erstmals beschrieben. Der Begriff Burn-out wurde in den 70er-Jahren des letzten Jahrhunderts eingeführt.

Man könnte nun immer weiter in der menschlichen Historie zurückschreiten und würde wahrscheinlich immer Anzeichen finden, die auf die Symptome eines Burn-outs hindeuten – mit einem wesentlichen Unterschied: Die Erwartungen und Einstellungen an das Leben haben sich erheblich geändert und somit auch die Diskrepanz zwischen Realität und Erwartung. Denken wir zum Beispiel an die Sklaven Roms, die zweifelsohne alle erheblichen Stress erdulden mussten mit eben dem einem Unterschied, dass die Erwartungen an das Leben genau das waren, was der Realität entsprach. Das heißt, die Diskrepanz zwischen Erwartung und Realität war nicht groß – im Gegensatz zu heutigen Lebenskonzepten.

## Auf den Punkt gebracht

1982 wurde der Begriff Burn-out erstmals in einem psychosomatischen Lexikon erwähnt. Bis heute ist Burn-out in der von der WHO (World Health Organization) herausgegebenen internationalen Klassifikation der Erkrankungen keine eigene Diagnose. Burn-out wird hier als Faktor gewertet, der den Gesundheitszustand beeinflusst und zur Inanspruchnahme von Gesundheitsdiensten führt, als Problem, verbunden mit Schwierigkeiten bei der Lebensbewältigung. Neben diesem Erschöpfungszustand spielen folgende Faktoren ein Rolle:

▸ Mangel an Entspannung oder Freizeit

▸ Unzulängliche soziale Fähigkeiten

▸ Sozialer Rollenkonflikt

Der erste Gedanke, dass nur in Sozialberufen und als Helfer tätige Menschen vom Burn-out-Syndrom betroffen sind, ist inzwischen widerlegt. Es sind auch nicht nur sog. „High Potentials" in Managementpositionen davon betroffen. Burn-out kann jeden treffen, unabhängig von Beruf, Bildungsstand und sozialer Herkunft – z. B. Menschen, denen die berufliche Anerkennung versagt bleibt oder gänzlich fehlt, wie bei Langzeitarbeitslosen oder bei Menschen, die ihren Karrierehöhepunkt überschritten haben.

Eine Gemeinsamkeit ist jedoch allen zu eigen: Vom Burn-out betroffene Menschen sind diejenigen, die überdurchschnittlich engagiert sind, zum Perfektionismus neigen und in allen Bereichen des Lebens ihr Hundertprozentiges geben.

Geht es Ihnen genauso? Um einen ersten Einblick zu bekommen, wie weit Sie von einem Burn-out entfernt sind,
dienen folgende zehn Übungsfragen. Markieren Sie alle
Fragen, die Sie mit Nein beantworten, mit einem Haken.

| Testfragen | |
| --- | --- |
| **Nehmen Sie sich einige Minuten Zeit, um die Fragen für sich zu beantworten.** | Nein ✓ |
| ▸ Leiden Sie während oder nach der Arbeit häufig an Kopfschmerzen? | |
| ▸ Nacken- und Rückenverspannungen treten bei Ihnen häufig auf? | |
| ▸ Haben Sie häufig Bauch- oder Magenschmerzen? | |
| ▸ Nehmen Sie Probleme von der Arbeit oft mit nach Hause? | |
| ▸ Nehmen Sie Probleme von zu Hause häufig mit in die Arbeit? | |
| ▸ Haben Sie das Gefühl, dass Ihnen Ihre Verpflichtungen und Herausforderungen über den Kopf wachsen? | |
| ▸ Sie können sich gegenüber den Ansprüchen anderer nicht genügend abgrenzen? | |
| ▸ Ihre Werte sind Ihnen nicht bekannt? | |
| ▸ Ihre Wünsche und Ziele im Leben sind Ihnen nicht bekannt? | |
| ▸ Ihre ganz individuellen Kraftquellen oder Tankstellen zapfen Sie nicht regelmäßig an. | |
| Je mehr Fragen Sie mit Nein beantwortet haben, desto weiter sind Sie von einem Burn-out entfernt. | |

# Sind Sie gefährdet oder leiden Sie bereits an einem Burn-out?

Um dauerhaft eine Balance zwischen den einzelnen Lebensbereichen zu halten und ein glückliches, zufriedenes und vor allem gesundes Leben zu führen, müssen die fünf „S" erfüllt sein:

- **S**innhaftigkeit – „Ich weiß, was ich mache und warum ich es mache."
- **S**elbstständigkeit – „Selbst Entscheidungen zu treffen ist mir wichtig."
- **S**elbstwirksamkeit – „Ich möchte etwas bewegen und verändern."
- **S**elbstverantwortung – „Ich übernehme gerne Verantwortung für meine Entscheidungen."
- **S**elbstwert – „Ich achte und akzeptiere mich und nehme mich so an, wie ich bin."

## Welcher Typ sind Sie?

Nicht jeder ist Burn-out-gefährdet. Es gibt bestimmte Typen, die aufgrund bestimmter Eigenschaften leichter an einem Burn-out erkranken. Dabei spielen folgende Faktoren eine Rolle:

- Berufliches Engagement
- Widerstandskraft gegenüber Belastungen
- Emotionen und Erleben

Zum beruflichen Engagement zählen die subjektive Bedeutsamkeit der Arbeit, der berufliche Ehrgeiz, die Bereitschaft, sich im Job zu verausgaben, das Streben nach Perfektion und die Fähigkeit, sich zu distanzieren.

Mit Widerstandskraft gegenüber Belastung sind die innere Ruhe, die Höhe der Frustrationsgrenze bei Misserfolgen sowie eine offensive Problembewältigung gemeint.

Zu Emotionen und Erleben zählen neben dem Erfolgserleben im Beruf auch die allgemeine Lebenszufriedenheit sowie das Erleben von sozialer Unterstützung.

Durch persönliche Einschätzung dieser drei Faktoren können zwei Gesundheits- und zwei Risikotypen unterschieden werden:

▸ Der Gesundheitstyp G zeichnet sich durch ein hohes, aber nicht exzessives Arbeitsengagement aus. Dabei behält dieser Typ seine Fähigkeit, sich angemessen zu distanzieren. Die Frustrationstoleranz bei Misserfolgen ist beim Typ G sehr hoch.

▸ Der Gesundheitstyp S, auch Schontyp genannt, misst der Arbeit wenig Bedeutsamkeit zu und engagiert sich auch nicht allzu stark für die Arbeit. Die Distanzierungsfähigkeit ist beim Schontyp sehr stark ausgeprägt.

▸ Der Risikotyp A (selbstüberforderndes Typ-A-Verhalten) ist sehr engagiert mit einem hohen Streben nach Perfektion bei gleichzeitig reduzierter Distanzierungsfähigkeit. Die Bereitschaft, sich zu verausgaben, ist bei diesem Typ erhöht. Typ A leidet deutlich häufiger an psychosomatischen Beschwerden.

▸ Risikotyp B, der sogenannte „Burn-out-Typ", zeichnet sich durch ein vermindertes Engagement und durch eine geringe Frustrationsgrenze aus. Diesem Typ fällt es sehr schwer, sich zu distanzieren. Psychosomatische Reaktionen und gesundheitliche Beschwerden treten bei ihm gehäuft auf.

Der nachfolgende Cartoon von Schaarschmidt und Fischer veranschaulicht diese vier Typen.

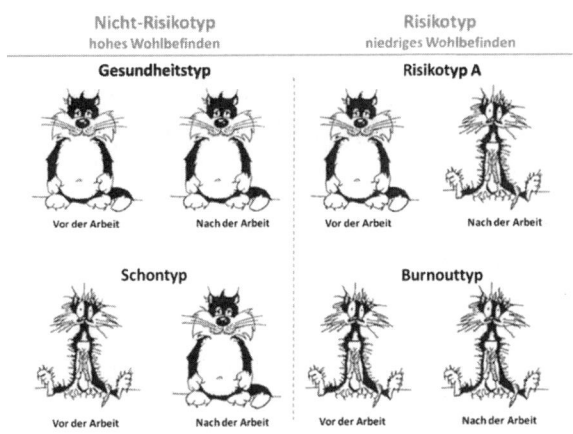

*Abbildung 1: Vor und nach der Arbeit – Klassifikationsschema für die AVEM-Typen (Cartoons nach Schaarschmidt und Fischer, 2001)*

Folgende Personen gelten demnach als besonders Burn-out-gefährdet (Typ B):

▸ perfektionistisch veranlagte Personen

▸ Menschen, die sich generell mehr vornehmen, als sie eigentlich schaffen

▸ Personen, die zu hohe Ansprüche an sich und auch an ihre Umwelt (Arbeitskollegen, Partner) stellen

▸ Menschen, die unrealistisch in die Zukunft sehen und mögliche Risiken im Leben zu niedrig einschätzen – die die berühmte rosarote Brille aufhaben

▸ Menschen mit sehr unflexiblen, sehr starren und strengen Ansichten

▸ Menschen, die nur sehr schwer oder gar nicht Nein sagen können und sich für andere aufopfern

Natürlich ist es so, dass jeder von uns die eine oder andere Eigenschaft bei sich selbst wiederfindet. Doch es kommt darauf an, wie viele Eigenschaften man vom Typ B hat und nicht zuletzt auch auf die erlernten und zielgerichtet angewandten Bewältigungsstrategien, die man in seinem „Ressourcenkoffer" dabei hat. Zu diesen Bewältigungsstrategien kommen wir im dritten Teil dieses Ratgebers.

**!** Nicht jeder, der Typ-B-Eigenschaften hat, erkrankt irgendwann einmal an einem Burn-out-Syndrom. Es kommt vielmehr auf den Umgang mit seinen individuellen Ressourcen an!

### Herr Anton – Typ B

*Herr Anton – 45 Jahre, verheiratet, keine Kinder – hat sich nach seinem Elektrotechnikstudium in einem großen Unternehmen zum Abteilungsleiter hochgearbeitet. Als Abteilungsleiter trägt er zwar die Verantwortung für zwölf hoch qualifizierte Mitarbeiter, ansonsten hat er aber kaum Ent-*

scheidungsspielraum. Herrn Anton bedeutet die Arbeit sehr viel, da er sich gegen seine oft besser qualifizierten Mitarbeiter hochgearbeitet hat. „Ohne Fleiß keinen Preis" gehört zu seinen Grundeinstellungen, die er als Kind von seinem Vater zu hören bekam.

Herr Anton ist in seiner Abteilung bekannt als einer, der sehr viel von sich und seinen Mitarbeitern verlangt und diese auch kontrolliert, indem er sich einmal wöchentlich einen Rapport von jedem einzelnen Mitarbeiter geben lässt, um die Arbeitsprozesse nicht aus den Augen zu verlieren und um mögliche Fehler erst gar nicht entstehen zu lassen. In seiner Abteilung kommen Fehler nicht vor. Herr Anton ist häufig spät abends noch in seinem Büro zu erreichen, verschickt nicht selten um diese Uhrzeit E-Mails an seine Mitarbeiter, deren Antwort er am nächsten Tag noch vor dem Frühstück zu Hause abruft. Schließlich will Herr Anton seinen Mitarbeitern ein gutes Vorbild sein.

Durch unternehmerische Umstrukturierungen vor einem Jahr vergrößerte sich die Abteilung von Herrn Anton. Ein Teil einer Forschungsabteilung wurde angegliedert. Herr Anton wurde in diese Entscheidungsprozesse nicht mit einbezogen, sondern lediglich nach seinem Kurzurlaub davon in Kenntnis gesetzt. Ein Widerspruch kommt für Herrn Anton nicht infrage, da er mit einem Nein keine Anerkennung und kein Lob erhalten würde. Ein Nein würde seiner Meinung nach als Schwäche gewertet und als mangelhafter Umgang mit Veränderung interpretiert werden. Da es sich um ein fachlich neues Gebiet handelt, hat Herr Anton den Anspruch, sich möglichst schnell in die Materie einzuarbeiten. Weil dies neben seinem Tagesgeschäft und den wöchentlichen, zeitintensiven Rapports nicht möglich ist, geschieht dies abends und an den Wochenenden. Das neue Fachgebiet ist sehr kompliziert und Herr Anton versteht es *nicht auf Anhieb. Er wird immer frustrierter und investiert noch mehr Zeit, denn es muss doch irgendwie zu schaffen sein. Seine beiden Gruppenleiter, die Experten auf diesem Gebiet sind, zieht er nicht zu Rate, da er als Abteilungsleiter seinen Mitarbeitern auch fachlich überlegen sein muss. Zunehmend bekommt Herr Anton das Gefühl, dass er den Aufgaben nicht gewachsen ist, und hat Angst, die Kontrolle über seine Arbeit zu verlieren. Er versucht dies zu kompensieren, indem er noch mehr Zeit investiert.*

*Obwohl sich Herr Anton bei der immer häufiger auftretenden Frage nach dem Sinn und dem Ziel des Lebens heimlich eingesteht, dass es doch schön wäre, Kinder zu haben, verwirft er diesen Gedanken sofort. Schließlich hat er sich damals für den Job und gegen Kinder entschieden und eine Meinungsänderung gilt für Herrn Anton als flatterhaft. Schließlich muss man ja zu seiner Entscheidung, die man einmal getroffen hat, stehen. Außerdem ist seine Frau als freiberufliche Steuerberaterin ebenso sehr eingespannt, zeitlich jedoch flexibler.*

Sind Sie Burn-out-gefährdet? Machen Sie eine individuelle Bestandsaufnahme! Um einem Burn-out bereits in seinen Anfängen begegnen zu können, ist so eine Bestandsaufnahme unerlässlich. Eine derartige Selbsteinschätzung setzt jedoch viel Ehrlichkeit voraus!

| Individuelle Bestandsaufnahme | |
|---|---|
| **Markieren Sie diejenigen Fragen, denen Sie zustimmen** | ✓ |

▶ Ich nehme am liebsten alles selbst in die Hand und delegiere nicht gerne.

▶ Ich halte es schlecht aus, wenn etwas nicht so läuft, wie ich es mir vorstelle.

▶ Ich fühle mich für die Zufriedenheit anderer sehr verantwortlich.

▶ Ich darf keine Fehler machen.

▶ Ich tue mich schwer, Nein zu sagen und Forderungen abzuwehren.

▶ Ich beschäftige mich zu Hause gedanklich sehr mit der Arbeit.

▶ Ich fühle mich für den Ablauf des Tagesgeschehens sehr verantwortlich.

▶ Ich gehe auch krank oder angeschlagen in die Arbeit und melde mich so gut wie nie krank.

▶ Ich fühle mich meinen Aufgaben nicht gewachsen.

▶ Ich habe Angst davor, die Kontrolle über meine verschiedenen Lebensbereiche zu verlieren.

▶ Ich würde manchmal am liebsten alles stehen und liegen lassen und flüchten.

▶ Ich habe den Eindruck, dass ich trotz größerem Einsatz immer weniger Leistung erbringe.

▶ Vor Konflikten – sowohl mit Kollegen als auch im privaten Bereich – habe ich Angst und gehe diesen aus dem Weg.

## Individuelle Bestandsaufnahme

▸ Ich erwarte, dass andere nach meinen Vorstellungen handeln.

▸ Ich habe den Eindruck, ausgenutzt zu werden.

▸ Ich fühle mich meinen Verpflichtungen und den Anforderungen des täglichen Lebens nicht mehr gewachsen.

▸ Ich habe das Gefühl, meiner Familie, meinem Partner und meinen Freunden nicht gerecht zu werden.

▸ Den vielen Terminen fühle ich mich hilflos ausgeliefert.

▸ Ich leide darunter, dass ich in meiner Arbeit zu wenig Anerkennung erhalte, diese zu gering bezahlt wird und zu langweilig oder zu verantwortungsvoll ist.

▸ Ich habe Angst davor, dass mein Chef oder meine Kollegen nicht mit meiner Arbeit zufrieden sind.

▸ Ich denke grundsätzlich immer erst an andere.

▸ Ich sorge mich darum, andere verletzen zu können, und schweige lieber, wenn mich etwas stört.

▸ Ich gönne mir wenig Ruhe, Entspannung und Ausgleich.

▸ Ich lebe nach dem Prinzip „Erst die Arbeit, dann das Vergnügen" und habe ein schlechtes Gewissen, wenn es mal anders herum ist.

Sie erhalten für jede Frage 5 Punkte und können maximal 120 Punkte erreichen. Je mehr Fragen Sie mit „Ich stimme zu" beantwortet haben, umso mehr laufen Sie Gefahr, an einem Burn-out-Syndrom zu erkranken.

| Individuelle Bestandsaufnahme |
| --- |
| **Ab 80 Punkten:** Einige Ihrer Einstellungen sind Stress erzeugend und setzen Sie sehr unter Druck. Sie wollen immer perfekt sein, alles selbst erledigen und gönnen sich selbst kaum Auszeiten, in denen Sie Ihre Tankstellen anzapfen und Ihre Batterie wieder aufladen. Ihre Einstellungen und Wünsche zu äußern gelingt Ihnen nicht gut, da Sie auf das Wohlwollen und die Meinung anderer sehr angewiesen sind. |
| Um ein Burn-out zu vermeiden, sollten Sie einige Ihrer Einstellungen und Verhaltensmuster überprüfen und gegebenenfalls ändern. |
| Entspannungstechniken und Strategien, wie Sie sie im dritten Teil dieses Ratgebers finden, können helfen, von den einzelnen Anforderungen Abstand zu gewinnen. |

Falls Sie tatsächlich Burn-out-gefährdet sind, muss das nicht bedeuten, dass Sie bereits ein Burn-out-Syndrom haben. Es gibt Bereiche im Leben, die Energie entziehen – die „Energieräuber" –, und den Gegenspieler – die „Tankstellen", die Lebensenergie zuführen. Diese beiden werden auch als „Energiekreise" bezeichnet.

# Die Energiekreise

Menschen, die an einem Burn-out leiden, haben das Gefühl, dass fast alle Bereiche des täglichen Lebens Energieräuber sind und nur wenige oder gar keine Bereiche als Tankstellen dienen. Die eigenen Energiereserven richtig einzuschätzen, gelingt Betroffenen nicht. Sie überschätzen ihre Kraftreserven erheblich. Eine dauerhafte Überschreitung des Energievorrats führt in den „roten Bereich" und somit in die Burn-out-Falle, was negative gesundheitliche Auswirkungen hat.

Um aus der Burn-out-Falle herauszukommen, sollte man sich ein paar Gedanken über seine Energiebilanz machen. Dafür gibt es eine sehr einfache, aber effektive Übung:

1. Nehmen Sie zunächst zwei Blätter Papier und malen Sie auf jedes einen großen Kreis: Der eine Kreis visualisiert die Energieräuber und der andere Ihre persönlichen Tankstellen.

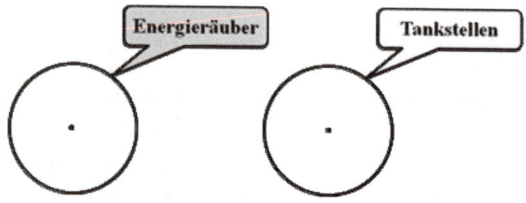

2. Überlegen Sie nun, welche Bereiche in Ihrem Leben wie viel Energie beanspruchen, und zeichnen Sie diese in den Energieräuber-Kreis ein.

3. In einem dritten Schritt zeichnen Sie im Tankstellenkreis jene Bereiche ein, von denen Sie Energie erhalten.

## Der Energiekreis von Herrn Anton

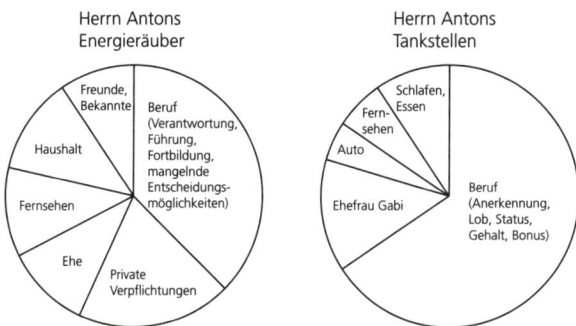

Herrn Antons
Energieräuber

Herrn Antons
Tankstellen

*Bei Herrn Anton fällt auf, dass die Arbeit sowohl ein großer Energieräuber als auch seine größte Tankstelle ist. Die Gefahr hierbei ist, dass eine große Lücke auf der Tankstellenseite bleibt, wenn Herrn Anton die nötige Anerkennung, das Lob oder der anstehende Bonus versagt bleiben. Es ist unschwer zu erkennen, dass die Arbeit den größten Teil in Herrn Antons Leben einnimmt.*

*Bedenkenswert und auf ein Burn-out hindeutend ist auch die Tatsache, dass Herr Anton soziale Kontakte – Freunde und Bekannte – ausschließlich als Energieräuber sieht. Haushalt und private Verpflichtungen wie der Besuch bei den Schwiegereltern sind für Herrn Anton unliebsame Tätigkeiten, auf die er gerne verzichten würde. Die Ehe hält sich bei Herrn Anton ungefähr die Waage. Zum einen ist seine Frau eine große Kraftquelle für ihn, die ihm auch vieles im Haushalt und bei Behördengängen abnimmt. Auf der anderen Seite verlangt seine Frau auch Zeit für gemeinsame Aktivitäten. Ähnlich verhält es sich mit dem Fernsehen. Das Abendessen wird meistens vor dem Fernseher verbracht, weil nach der Arbeit nicht mehr genug Kraft für ein gutes Gespräch mit der Partnerin da ist. Meistens nickt Herr Anton anschließend auf dem Sofa kurz ein, um dann – vom schlechten Gewissen geplagt – doch noch seine E-Mails abzurufen, Fachliteratur zu lesen und die Tagesordnungspunkte für die nächste Konferenz noch einmal durchzugehen.*

*Schlaf ist eine wichtige Energiequelle. Zu wenig Schlaf oder dauerhaft schlechte Schlafqualität ist eines der größten Stressoren für den Menschen. Wenn Herr Anton einmal eine schlechte Nacht hatte, ist er am nächsten Tag sehr unkonzentriert, neigt zu Kopfschmerzen und ist leicht reizbar.*

Zeichnen Sie in einem weiteren Schritt den Kreis, der Ihren Wunschkreis darstellen soll. Erweitern Sie dabei Ihre Tankstellen oder nehmen Sie noch welche dazu – Hobbys, Bewegung, Sport – und denken Sie dabei auch an ungeplante Zeit, die Raum für Spontanaktivitäten bietet. Notwendigerweise müssen dann auf der Energieräuberseite einige Bereiche verengt werden.

Entscheiden Sie nun, womit Sie beginnen möchten und beachten Sie dabei Folgendes:

▸ Was brauchen Sie, um eine Veränderung zu erreichen?

▸ Wie lange wird es dauern, bestimmte Bereiche zu verändern?

▸ Wann wollen Sie beginnen?

▸ Woran werden Sie merken, dass Sie Ihr Ziel erreicht haben?

- ‣ Wer kann Ihnen dabei behilflich sein (Partner, Berater etc.)?

- ‣ Überlegen Sie sich eine Belohnung für Ihre Fortschritte.

- ‣ Planen Sie bei allen Veränderungen auch Rückschläge mit ein, die gehören dazu.

> Ziel ist es, auf der einen Seite Energieräuber zu vermeiden und auf der anderen Seite Tankstellen auszubauen bzw. neue hinzuzufügen! **!**

Selbstverständlich sind die Energiekreise individuelle Momentaufnahmen. Empfehlenswert ist es, die beiden Energiekreise regelmäßig miteinander zu vergleichen.

## Machen Sie eine Selbstanalyse

Wenn Sie Burn-out-gefährdet sind und wissen wollen, ob es sich nicht nur um „verdichtete Zeiten" handelt, die wir alle kennen und die absehbar sind, dann sollten Sie sich etwas Zeit für eine Selbstanalyse nehmen. Die Tests erlauben eine Selbsteinschätzung und damit wird eine Tendenz erkennbar, um ein Burn-out festzustellen. Wie bereits erwähnt kommt ein Burn-out-Syndrom nicht über Nacht, sondern ist ein Prozess, der sich über einen längeren Zeitraum entwickelt. Um den Prozess zu beobachten, ist eine kleine Analyse und Dokumentation notwendig: Füllen Sie jeden Abend den folgenden Fragebogen so genau wie möglich aus. Hilfreich in Kombination mit der Selbsteinschätzung sind auch Verhaltensbeobachtungen durch

Kollegen, Familienangehörige, Partner und Freunde in Bezug auf immer längere Arbeitszeiten, Leistungsabfall, zunehmende Interessenlosigkeit, Arbeitsunzufriedenheit, Anzahl der Fehltage in der Arbeit, Anzahl der Absagen im sozialen Umfeld und viele weitere Beobachtungen.

## Stimmungs- und Befindlichkeitstagebuch

### 1. Leistungsfähigkeit

Wie beurteilen Sie heute Ihre Leistungsfähigkeit? Bitte markieren Sie Ihre Selbsteinschätzung zwischen 10 („Ich war heute voll leistungsfähig") und 0 („Ich habe heute keine Leistung erbracht").

10                                                                 0

### 2. Positive Aktivitäten und Erlebnisse

Welche positiven Aktivitäten haben Sie heute unternommen und was war für Sie angenehm?

| 1. Heute habe ich … unternommen. | … war angenehm. |
|---|---|
| 2. … | … war angenehm. |
| 3. … | … war angenehm. |

### 3. Stimmung

Wie war Ihre Stimmung heute? Bitte markieren Sie Ihre Stimmung zwischen 0 („Meine Stimmung war schlecht") und 10 („Meine Stimmung war sehr gut, ich war voller Zuversicht"). Unterscheiden Sie dabei nach Tageszeiten.

| 0 | Vormittag | 10 |
|---|---|---|
| 0 | Nachmittag | 10 |
| 0 | Abend | 10 |

## 4. Beschwerden

Hatten Sie irgendwelche Beschwerden wie Kopfschmerzen, Rückenschmerzen, Magen-Darm-Probleme, Gereiztheit, Aggression etc.? Wie stark waren diese Beschwerden heute? Markieren Sie auf einer Skala von 10 (extrem stark) bis 0 (keine Beschwerden).

| 10 | Vormittag | 0 |
|---|---|---|
| 10 | Nachmittag | 0 |
| 10 | Abend | 0 |

## 5. Belastungen und Stress

Welche Belastungen – außer den oben genannten Beschwerden – hatten Sie heute noch (Angst, Sorgen, Konflikte, Ärger etc.)?

▸ Gar keine

▸ Sehr viele, nämlich …

## 6. Einfluss auf die Beschwerden

Konnten Sie heute aktiv positiven Einfluss auf Ihre Beschwerden nehmen außer durch Medikamenteneinnahme?

10 Ja, sehr gut                              Nein, gar nicht 0

Wodurch konnten Sie Einfluss nehmen?

▸ Entspannungsübungen
▸ Pausen
▸ Umformulierung Stress erzeugender Einstellung
▸ …

### Herr Anton

*Herr Anton wird von seinem Chef zum Gespräch gebeten, da abzusehen ist, dass der Abschluss eines wichtigen Projekts, für das er verantwortlich ist, zeitlich nicht eingehalten werden kann. Diese Kritik hält Herr Anton sehr schlecht aus und nimmt sie persönlich. Obwohl erkennbar ist, dass externe Faktoren für den teilweisen Misserfolg des Projekts die größte Rolle spielen, schafft es Herr Anton nicht, dies seinem Chef mitzuteilen, da er Angst vor einem Konfliktgespräch hat. Herr Anton leidet sehr darunter, dass er kaum Lob oder Anerkennung von seinem Chef erhält. Seinen Mitarbeitern delegiert er kaum noch etwas, da diese ohnehin die übertragenen Aufgaben nicht zufriedenstellend erledigen.*

*Privat ist er immer gereizter, sodass es mit seiner Frau immer häufiger zu Streitereien wegen Kleinigkeiten kommt.*

> *Als diese ihn auf seine schlechte Stimmung anspricht und die Vermutung äußert, es liege möglicherweise an einer Überarbeitung und er solle sich doch mal eine Auszeit nehmen, reagiert Herr Anton mit emotionalem Rückzug, um weitere Diskussionen zu vermeiden und den Frieden zu wahren. Herr Anton bekommt zunehmend das Gefühl, dass er von allen Seiten ausgenutzt wird und er es keinem recht machen kann.*

Sind Sie bereits in einem Burn-out? Machen Sie den folgenden Test, um herauszufinden, ob akuter Handlungsbedarf besteht.

| Checkliste | |
|---|---|
| **Markieren Sie diejenigen Punkte, die im Moment auf Sie zutreffen:** | |
| ▶ Ich denke häufig: „Das hat doch alles keinen Sinn!", oder: „Soll das schon alles im Leben gewesen sein?" | ✓ |
| ▶ Ich denke oft, dass ich doch nichts bewirken kann. | |
| ▶ Mir fällt es schwer, mich zu konzentrieren. | |
| ▶ Ich habe keine Veränderungsideen und bin nicht kreativ. | |
| ▶ Ich habe das Gefühl, dass mir alles zu viel wird. | |
| ▶ Ich traue mir nichts mehr zu. | |
| ▶ Ich habe keine Hoffnung mehr, dass sich etwas ändern wird. | |
| ▶ Ich fühle mich deprimiert und habe resigniert. | |
| ▶ Ich habe nur noch wenig Freude an dem, was ich mache. | |

## Checkliste

▶ Ich fühle mich innerlich leer und ausgelaugt.

▶ Ich bin schnell ermüdbar und kaum noch belastbar.

▶ Ich wache morgens zerschlagen auf.

▶ Ich habe Heißhunger auf Süßigkeiten.

▶ Ich habe öfters Rücken- oder Magenschmerzen.

▶ Ich leide unter Schlafstörungen.

▶ Mein sexuelles Verlangen hat nachgelassen.

▶ Ich fühle mich innerlich zunehmend angespannt.

▶ Ich habe fast täglich Kopfschmerzen.

▶ Ich vernachlässige mein äußeres Erscheinungsbild.

▶ Ich nehme Aufputschmittel.

▶ Ich ziehe mich immer mehr aus meinem Freundes-
kreis zurück.

▶ Ich vernachlässige mein Hobby.

▶ Ich kann mich nicht aufraffen, etwas Neues zu
machen.

▶ Ich greife immer häufiger zu Alkohol.

Wenn Sie mehr als acht Aussagen markiert haben, ist
es dringend notwendig, etwas zu unternehmen, um Ihr
seelisches und körperliches Gleichgewicht wiederherzustellen!

# So erkenne ich ein Burn-out

Ein Burn-out beginnt zunächst damit, dass wir den Eindruck haben, zu wenig Zeit für uns selbst zu haben, immer irgendetwas hinterherzulaufen und nie einen Punkt hinter unserer Arbeit machen zu können. Man mutet sich viel zu viel zu und lädt sich eine Aufgabe und Verpflichtung nach der anderen auf. Die ersten Alarmglocken läuten schon, doch nicht selten werden diese ignoriert und nicht wahrgenommen. „Das wird schon gehen", „Ich muss mich halt ein wenig zusammennehmen" oder „Bald habe ich Urlaub und dann wird alles besser" sind häufige Aussprüche, die in dieser Phase zu hören sind – ein Leben in der Warteschleife mit viel „wenn – dann"!

Da die Energie- und Kraftreserven nicht mehr aufgefüllt werden, etwa durch ausgleichende Freizeitaktivitäten, neigen sich diese immer mehr dem Ende zu.

## Eigene Belastungen erkennen

Jeder Weg fängt mit einem ersten Schritt an und die Bewältigung des Burn-outs ist ein Prozess, der unter Umständen ein lebenslanges Lernen erfordert. Um den ersten Schritt machen zu können, ist es zunächst notwendig, die Auslöser von Belastungen zu kennen. Belastungen sind all jene Bedingungen, die potenziell in der Lage sind, uns Angst oder Ärger zu machen. Dazu zählen nicht nur äußere Bedingungen, sondern auch persönliche Eigenschaften und Verhaltensweisen:

▶ Körperliche Belastungen: Hunger, Durst, Fehlernäh-
   rung, Verletzung, Schmerz, Krankheit, unzureichend
   Schlaf

▶ Soziale Belastungen: Isolation, Konflikte, Trennung,
   Konkurrenz

▶ Belastungen im Leistungsbereich: Zeit- und Termin-
   druck, Über- und Unterforderung, Perfektionismus, Rol-
   lenunsicherheit, Prüfungen

▶ Umweltbelastungen: Lärm, Kälte, Nässe, Hitze, Popula-
   tionsdichte, Schmutz und Unordnung

Nicht alle Punkte müssen als Belastung empfunden werden. Vielmehr handelt es sich dabei um ganz individuelle
Stressoren, die auch abhängig von der Tagesform sind.
Was der eine als große Belastung empfindet, stört den
anderen gar nicht und umgekehrt. Darüber hinaus verändern diese sich auch. Ein 20-jähriger Student wird unter
Konkurrenzdruck und sozialen Konflikten wahrscheinlich
mehr leiden als eine 50-jährige, erfahrene Geschäftsführerin!

> Belastungen sind ganz individuell, abhängig von der
> Tagesform und verändern sich im Lauf des Lebens.

## Frühwarnsysteme des Organismus

Im Folgenden geht es darum, dass Sie Ihre Frühwarnsyste-
me kennenlernen und wahrnehmen. Es ist wichtig, dass Sie
die ersten Anzeichen, die der Organismus meldet, ernst

nehmen. Denn grundsätzlich weiß der Körper genau, wann das Gleichgewicht gestört ist.

Erste Anzeichen einer Überforderung können sein:

▸ Erhöhung der Infekt- oder Krankheitsanfälligkeit

▸ Nachlassen der körperlichen und geistigen Leistungsfähigkeit

▸ Stress wirkt stärker als gewohnt

▸ Erholung dauert länger

▸ Häufung von Fehlern

▸ Gefühle von Planlosigkeit

▸ Reaktionen auf den vier Ebenen: kognitiv, emotional, vegetativ und muskulär

Bei der **kognitiven Ebene** geht es um alle Denk- und Wahrnehmungsprozesse. Mögliche Reaktionen können sein: Leere im Kopf (Blackout), Konzentrationsmangel, Gedankenkreisel, mangelnde Kreativität, Vergesslichkeit, Albträume, Konzeptlosigkeit, Unentschlossenheit, Realitätsflucht, gedankliche Bewertungen wie: „Das geht eh schief", oder: „Das schaffe ich nie."

Die **emotionale Ebene** umfasst die unterschiedlichen Gefühle, die aus den Grundmustern Angriff/Aggression, Flucht/Angst und Hilflosigkeit resultieren. Das können sein: Frustration, anhaltende Skepsis, Aggression, Unsicherheit, Ausrasten, Versagensgefühle, Rückzug, Panik, Gereiztheit, Gefühlsschwankungen und Ärger.

Bei der **vegetativen-hormonellen Ebene** sind alle unwillkürlichen und hormonellen Reaktionen verankert wie beispielsweise Tränen oder Weinen, Erröten, Kloß im Hals,

Schwitzen, weiche Knie, trockener Mund, Engegefühl in der Brust, flaues Gefühl im Magen, Ohrenklingeln, Übelkeit, Herzklopfen oder Kurzatmigkeit.

Reaktionen auf der **muskulären Ebene** betreffen jene Bereiche des Körpers, die der willkürlichen Kontrolle unterliegen: Spannungskopfschmerzen, Augenlidzucken, Muskelzittern, Zähneknirschen, Nacken- und Rückenschmerzen, Fußwippen, Fingertrommeln, Faustballen, verzerrtes Gesicht, starre Mimik, Stottern.

 Wenn Sie Ihre individuellen Schwachstellen kennen, können Sie Strategien entwickeln, um diese zu stärken.

Diese ersten Alarmzeichen sind, falls sie in geringer Stärke und vereinzelt auftreten, normal und sichern uns das Überleben in Situationen, die wir als extrem bewerten. Ob es zu einem Burn-out-Syndrom führt, hängt von der

- ▸ Häufigkeit,
- ▸ Intensität und
- ▸ Dauer

der Reaktionen ab. Je häufiger, je stärker und je länger Sie solche Reaktionen haben, desto eher sollten Sie Gegenmaßnahmen starten, um einem Burn-out vorzubeugen.

Nicht alle Ebenen sind gleich dominant. Jeder von uns hat eine bevorzugte Ebene, die die ersten Alarmzeichen sendet. Oft macht sich bei einer Überforderung als erstes die mangelnde Konzentration bemerkbar. Zunächst stellen sich erste kleinere Fehler ein. Fehler, die objektiv betrachtet

keine Relevanz besitzen, wie zum Beispiel den Wohnungs-
schlüssel zu Hause liegen lassen oder vergessen, der Kollegin eine wichtige Telefonnotiz mitzuteilen. All solche Kleinigkeiten, die wir von uns selbst nicht kennen.

Dann kommen chronische Müdigkeit, Stimmungsschwan-
kungen, Ärger und Gereiztheit hinzu. Die Leistungsfähigkeit nimmt dabei kontinuierlich ab. Der Versuch, die Leistungsfähigkeit mit mehr Arbeit und mehr Aktivierung wiederherzustellen und aufzubauen, scheitert. Wenn das individuelle Leistungsoptimum überschritten ist, dann ist eine
Umkehr nicht mit mehr Aktivierung zu erreichen. Dass wir
unsere Leistung bis ins Unendliche steigern können, ist
reine Fantasie.

> Immer mehr Aktivierung bringt nicht noch mehr Leis-
> tung!

Doch statt einen Gang zurückzuschalten, wird aus Kom-
pensationsgründen immer weiter aktiviert. Die Arbeitszeit
wird ausgedehnt ohne erkennbar mehr Ergebnisse. Schlafstörungen, Kopfschmerzen, Magen-Darm-Beschwerden
treten hinzu. Das Engagement lässt nach, man hat das
Gefühl, ausgeliefert zu sein und nichts mehr auf die Reihe
zu bekommen.

Anschließend werden weitere Tankstellen wie Freunde,
soziale Kontakte und Hobbys aufgegeben. Selbstzweifel
tauchen auf sowie weitere körperliche Beschwerden und
Erkrankungen. Die Waage zwischen Belastung und Entlastung, zwischen Anspannung und Entspannung gerät in die

Schieflage und die totale Erschöpfung, ein totales „Aus-
gebranntsein" ist die Folge.

> Wenn die ständigen Anforderungen von innen und
> außen dazu führen, dass wir nicht im Gleichgewicht
> unserer Lebensbereiche leben können, führt das in
> den Erschöpfungszustand.

Robert Yerkes und John Dodson haben bereits 1908 unter-
sucht, wie sich in einem System die Leistung in Abhängig-
keit vom Grad der Aktivierung verändert, und fanden dabei
heraus, dass es sich um eine umgekehrte U-Kurve handelt
und nicht, wie fälschlicherweise vermutet, um eine immer
weiter ansteigende Kurve. So wird bei einem gewissen
Stresslevel nach einem Höhepunkt der Leistung auch bei
weiter ansteigendem Stress die Leistung abfallen; es wird
nicht mehr Leistung erbracht werden können.

Die folgende Grafik zeigt den Zusammenhang zwischen
Leistung und Aktivierung, wobei auch Verhaltensweisen
und Befindlichkeiten in die Betrachtung mit einbezogen
werden.

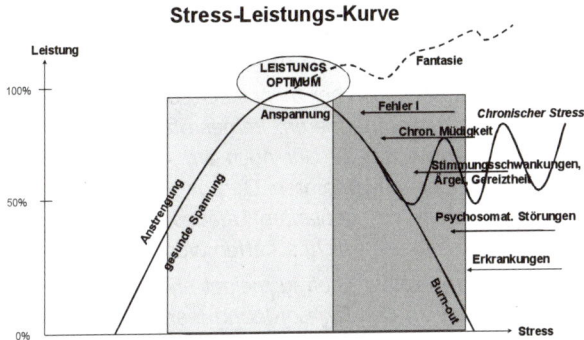

*Abbildung 2: Stress-Leistungs-Kurve (modifiziert aus: Fiedler C./Plank H.: Stressmanagement – So beugen Sie dem Burn-out vor!, 2009)*

## Herrn Antons Leistungsabfall

*Herr Anton fühlt sich immer schlechter. Zunächst hat es mit einigen kleineren Fehlern in der Arbeit angefangen. Er hat es einige Male versäumt, wichtige Informationen an seine Gruppenleiter weiterzugeben. Als ihn sein Gruppenleiter darauf ansprach, kam es zum Konflikt: Herr Anton war felsenfest der Meinung, dass sein Gruppenleiter ihm Unzulänglichkeit unterstellen möchte, da er es auf seinen Posten abgesehen habe.*

*Inzwischen fühlt sich Herr Anton schon am Morgen unausgeschlafen, müde und schlapp und würde am liebsten den Tag im Bett verbringen. Seine Rückenschmerzen, die ihn schon seit Monaten plagen, kuriert er mit einer Schmerztablette und die Ohrgeräusche, die in letzter Zeit immer häufiger auftreten und intensiver werden, versucht er zu ignorieren, denn „das geht schon wieder vorbei". In Besprechungen hält er sich zurück und vor Konferenzen und Vorträgen (die er noch nie gerne gehalten hat) bekommt er Schweißausbrüche und Beklemmungsgefühle.*

*Für Routinetätigkeiten benötigt er immer mehr Zeit, die Konzentration lässt immer mehr nach; das versucht er mit Mehrarbeit zu kompensieren. Immer öfter kommt es vor, dass Herr Anton um 22 Uhr noch am Arbeitsplatz ist, jedoch ohne den gewünschten Output. Er entschließt sich zur Stornierung des geplanten Urlaubs, da er die ganze Arbeit sonst erst recht nicht schaffen würde.*

*Gespräche mit seiner Ehefrau meidet er, um Konflikte, die in letzter Zeit an der Tagesordnung waren, zu vermeiden. Die Fernsehabende werden immer länger und immer öfter kommt das eine oder andere „Gute-Nacht-Bierchen" zum Einsatz. Herr Anton schläft sehr schlecht und ist von Gedankenkreisen geplagt. Immer wieder beschäftigen ihn die Angst, dass er den Anforderungen nicht mehr gewachsen ist, und die Frage, ob das schon alles im Leben gewesen sei. Auch Dinge, die noch zu erledigen sind und die er für den Folgetag auf keinen Fall vergessen darf, rauben ihm den Schlaf.*

*Als ihn ein Kollege auf seinen Zustand vorsichtig anspricht, schiebt Herr Anton es auf die Erkältung, die er sich vor zwei Wochen geholt hat und die er nicht mehr los wird.*

Überprüfen Sie selbst, welche Alarmzeichen Sie in den letzten vier Wochen bei sich wahrgenommen haben. Fertigen Sie dazu zunächst eine Liste Ihrer Belastungssituationen an. Schreiben Sie anschließend in den unteren Teil der Tabelle, auf welcher Ebene Sie reagiert haben, wie lange diese Reaktion angedauert hat, wie groß die Intensität war und wie oft die Reaktion aufgetreten ist.

| Meine Belastungssituationen | | | | |
|---|---|---|---|---|
| ▸ … | | | | |
| ▸ … | | | | |
| ▸ … | | | | |
| **Ebene** | **Emotional** | **Vegetativ** | **Muskulär** | **Kognitiv** |
| Wie lange? | ▸ …<br>▸ …<br>▸ … | | | |
| Wie stark? | ▸ …<br>▸ …<br>▸ … | | | |
| Wie oft? | ▸ …<br>▸ …<br>▸ … | | | |

## Symptome eines Burn-outs

Von einem Burn-out Betroffene befinden sich in einem Tunnel, der einen Blick nach links, rechts, oben oder unten nicht erlaubt, sondern die Fokussierung auf den Ausgang verlangt, dem kleinen hellen Punkt, der am Ende des Tunnels erwartet wird. Diese verengte Wahrnehmung führt dazu, dass die vielen Facetten des Lebens nicht mehr wahrgenommen werden. Wer sich in der Einseitigkeit Essen – Schlafen – Arbeiten – Essen – Schlafen … befindet, erschöpft sich zunehmend daran. Denn wer die Augen permanent auf den Boden richtet, sieht seine Umwelt nicht.

Dazu eine kleine anschauliche Übung:

### Übung: Wahrnehmung

▸ *Lassen Sie den Kopf, die Arme und Schultern hängen und richten Sie den Blick auf den Boden. Machen Sie eine traurige Figur und sagen Sie in dieser Stellung ganz laut und deutlich und voller Überzeugung: „Ich bin glücklich und zufrieden! Mir geht es supergut!"*

▸ *Nun straffen Sie die Schultern, machen den Rücken gerade, drücken die Brust raus und nehmen den Kopf hoch mit Blick zum Himmel. Sagen Sie in dieser Position laut und überzeugend: „Mir geht es ganz schlecht!"*

Welchen Unterschied haben Sie bemerkt? Klangen die beiden Sätze überzeugend?

Hohe Belastungen sowohl im Job als auch im Privatleben erfordern immer Phasen der Regeneration. Fehlt die Erholungszeit, kommt es zu einer Dauerbelastung. Beim Burn-out ist die Belastung so weit fortgeschritten, dass der Organismus die Fähigkeit, sich zu erholen, verloren hat. Die vorhandene Zeit zur Erholung reicht nicht mehr aus.

Wer ausgebrannt ist, dem hilft auch ein Urlaub nicht, der kann nicht einfach einen Gang zurückschalten.

# Absolute Erschöpfung

Von einem Burn-out betroffene Menschen erleben eine emotionale, körperliche, kognitive und soziale Erschöpfung, die sich über Monate, manchmal sogar über Jahre hinziehen kann. Etwas vereinfacht ausgedrückt: Die Batterie ist leer. Es fehlt die Kraft zum Leben, nichts geht mehr.

▸ Emotionale Erschöpfung: Hoffnungslosigkeit, Perspektivlosigkeit, Sinnlosigkeit, innere Leere, Ausgelaugtheit

▸ Körperliche Erschöpfung: chronische Müdigkeit, psychosomatische Beschwerden, reduzierte Leistungsfähigkeit und Antriebsverlust, was sich in mangelnder Tatkraft äußert

▸ Kognitive Erschöpfung: Abbau kognitiver Leistungsfähigkeit, Kreativitätsverlust, dauerhaft negative Einstellung

▸ Soziale Erschöpfung: Verlust der Empathie, Mitmenschen werden nicht mehr als bereichernd erlebt, sondern als zusätzliche Belastung, sozialer Rückzug, Zynismus und Depersonalisation

## Depersonalisation

*Depersonalisation beschreibt den gefühllosen, abgestumpften Umgang mit Kollegen, Kunden, Klienten, Patienten, Freunden und Bekannten.*

# Burn-out – die fünf Stadien

Das Burn-out-Syndrom ist ein Prozess, der sich nicht von heute auf morgen einstellt. Je nach Ursache bedarf es bis zur Vollausprägung zwischen drei und 30 Monaten. Der Prozess verläuft in fünf Stadien ab. Doch es ist schwer festzustellen, wann die Erschöpfung sich zum „Zustand der totalen Erschöpfung" entwickelt hat.

## *Die fünf Stadien des Burn-out-Prozesses*

### 1. Idealistisches Stadium

Dieses Stadium ist gekennzeichnet durch hohe Begeisterung und Eifer im Job und dem Gefühl der Unentbehrlichkeit. Betroffene in diesem Stadium werden von Kollegen, Freunden und der Familie als Workaholics wahrgenommen. Hier machen sich bereits erste Anzeichen von Energiemangel und Erschöpfung bemerkbar. Betroffene haben hohe Erwartungen an sich selbst und setzen sich damit unter Druck. In diesem Stadium beginnen Betroffene bereits, die eigenen Bedürfnisse zu unterdrücken. Pausen am Arbeitsplatz werden nicht mehr eingehalten, private Termine werden zugunsten der Arbeit gestrichen und die Arbeitszeit wird immer länger.

### 2. Realistisches Stadium

In diesem Stadium schwinden die anfängliche Begeisterung und der Idealismus langsam aber sicher. Der Arbeitseinsatz wird gesteigert, doch der Erfolg bleibt aus. Hier haben die Betroffenen das Gefühl, die Kontrolle zu verlieren, und Angst, dass die Situation aus dem Ruder läuft. Daher bleiben sie oft lange am Arbeitsplatz, um die fehlende Leistung mit (Arbeits-)Zeit zu kompensieren. Der Drang zu sortieren, aufzuarbeiten und aufzuräumen wird größer. Prioritäten können in diesem Stadium nur schwer gesetzt werden, alles wird als wichtig und eilig empfunden.

### 3. Stadium der Stagnation

Dieses Stadium ist gekennzeichnet von Freudlosigkeit, mangelnder Initiative und Schuldzuweisung gegenüber Dritten. Betroffene haben innerlich gekündigt und machen nur noch „Dienst nach Vorschrift". Aggressionen, dauerhafter Zynismus und häufige Gereiztheit sowohl im Job als auch im Privatleben häufen sich und somit auch die privaten Probleme. Menschen in diesem Stadium leiden vermehrt unter Konzentrationsstörungen, Kreativitätsmangel und erleben sich selbst als inkompetent.

### 4. Stadium der Frustration

Hier ziehen sich Betroffene vermehrt vom sozialen Leben zurück, da Kollegen und Mitmenschen nicht mehr als Bereicherung erlebt werden, sondern als zusätzliche Belastung. Ein Gefühl der Gleichgültigkeit stellt sich ein, der Sinn der Arbeit wird infrage gestellt und Hobbys werden ganz aufgegeben. Somit fehlt jede Form von Entlastung und Betroffene sehen keine Möglichkeit der Veränderung. Dieses Stadium ist gekennzeichnet durch eine totale Erschöpfung mit psychosomatischen Reaktionen und Beschwerden sowie sexueller Unlust. Alkohol, Tabak und sonstige Drogen werden aus Gründen der Entlastung verstärkt konsumiert.

### 5. Stadium der Verzweiflung

Betroffene, die sich in diesem Stadium befinden, sehen keine Hoffnung mehr, dass der Zustand veränderbar ist. Arbeitserfolge bleiben ganz aus und Betroffene werden von Dritten als sehr leistungsschwach angesehen. Ständige Frustration und Gefühle von Sinnlosigkeit werden verstärkt. Dies führt bei Betroffenen nicht selten zu Selbsttötungsgedanken, da Ihnen dieser Weg als der einzige Ausweg aus dieser Abwärtsspirale erscheint.

Natürlich durchlaufen nicht alle Betroffenen alle Phasen und auch nicht so linear wie theoretisch dargestellt. Vielmehr ist der Burn-out-Prozess gekennzeichnet von einem Vor und Zurück – wie bei einer Uhr. Mal ist der Zeiger auf drei, mal auf acht und bei fünf vor zwölf läuten die Glocken Sturm. Im übertragenen Sinn heißt das, der Betroffene befindet sich mal im realistischen und mal im idealistischen Stadium, dann in einem Zustand der Frustration und plötzlich wird wieder neuer Mut gefasst und neuer Elan entwickelt. Im Stadium der Verzweiflung genügt oft der berühmte Tropfen, der das Fass zum Überlaufen bringt und die Betroffenen psychisch und physisch zusammenbrechen lässt. Nicht selten verbringen betroffene Menschen ihr Leben bis zur Rente im Stadium der Stagnation bzw. der inneren Kündigung.

> **!** Dauer und Verlauf dieses Prozesses sind sehr individuell. Nicht alle Betroffenen durchlaufen alle Phasen. Viele überdauern bis zur Rente in der inneren Kündigung bzw. im Stadium der Stagnation.

Einzelne Phasen können aber auch als ganz normale Reaktionen auf bestimmte („unnormale") Ereignisse eintreten, die nicht zwangsläufig mit einem Burn-out in Verbindung gebracht werden können. Ein Burn-out-Syndrom wird nicht „diagnostiziert", wenn man das eine oder andere Ereignis an sich bemerkt.

### Herr Anton und seine „Burn-out-Uhr"

*Herr Anton hatte mit großem Idealismus nach seinem Studium als Elektrotechniker in einem Unternehmen angefangen, um wichtige Forschung in Projekten voranzutreiben und diese umzusetzen. Er war mit viel Eifer und großer Begeisterung dabei und hatte ebenso hohe Erwartungen an sich wie an seinen Job und an seine Umwelt. Pausenregelungen waren für Herrn Anton reine Zeitverschwendung, das Mittagessen wurde am Arbeitsplatz eingenommen und eine Erkältung war noch lange kein Grund, sich arbeitsunfähig zu melden. Herr Anton behielt trotz erster Überforderungsreaktionen – Gereiztheit, immer länger werdende Arbeitszeiten ohne erkennbar höheren Output, Rückenschmerzen – sein Tempo bei, immer mit dem vorherrschenden Gedanken, dass er seine momentane Schwäche durch Mehrarbeit kompensieren könne. Eine Zeit lang gelang es Herrn Anton auch, den anfänglichen Idealismus wiederzuerlangen. Er fühlte sich wieder „Herr der Lage", hatte alles unter Kontrolle und war sehr zuversichtlich, dass er seinen alten Elan wiedererlangt hatte. Diese wiedergewonnene Kraft nutzte er erst recht für die Arbeit und seine neuen Aufgaben und isolierte sich zunehmend von anderen Lebensbereichen. Seinen Leistungsabfall, den sein Chef auch schon mehrmals angemerkt hatte, konnte er nicht mehr aufholen. Die körperlichen Beschwerden nahmen zu und*

*seine psychische Verfassung hinderte ihn daran, Präsenta-
tionen zu halten und Teambesprechungen zu moderieren.
Nur mit Alkohol, den Herr Anton sich nun nicht mehr nur
abends gönnte, sondern auch mittags, ließ sich der Tag
einigermaßen durchstehen. Herr Anton war im Stadium der
Frustration. Als Herr Anton nach einer gehaltenen Präsenta-
tion von seinem Chef die Worte „Das war ja wohl gar
nichts" zu hören bekam, verlor er jegliche Hoffnung, dass
sein Zustand verändert werden könne. Das Gefühl, dass
sein Chef, der zu viel von ihm verlangt, seine Mitarbeiter,
die allesamt unfähig sind, und die Ehefrau, die ihm zu wenig den Rücken freihält, die Schuld für sein „Versagen"
tragen, wurde übermächtig, sodass es schließlich zu einer
verbalen Eskalation zwischen Herrn Anton und seinem Chef
kam. Während der lautstarken Auseinandersetzung brach
Herr Anton endgültig zusammen, fing an zu weinen und
schloss sich in der Toilette ein. Herr Anton hat das Stadium
der Verzweiflung erreicht.*

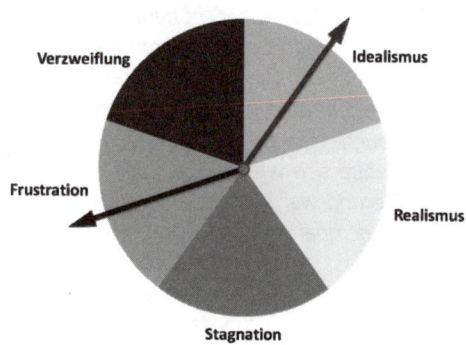

*Abbildung 3: Die Burn-out-Uhr: Ein Wechsel
zwischen den einzelnen Phasen tritt häufig auf*

**Auf den Punkt gebracht**

Burn-out ist ein Prozess, der gekennzeichnet ist von körperlicher und/oder geistiger Erschöpfung, von Pessimismus und Zynismus gegenüber seiner Arbeit, seinen Mitmenschen und sich selbst. Burn-out ist geprägt von einem Gefühl der Sinnlosigkeit und Ineffektivität.

## Ursachen eines Burn-outs

Chronisch unkontrollierter Stress oder „negativer" Stress ist zwar der Hauptverursacher für ein Burn-out-Syndrom, jedoch nicht der einzige. Einige Menschen bleiben trotz intensiver, anstrengender und anspruchsvoller Arbeit und Mehrfachtätigkeiten im Privatleben dauerhaft gesund, leistungsfähig und lebensfroh. Was machen diese Menschen anders?

Man weiß heute, dass Mehrfachbelastungen und verschiedene Rollen nicht zwangsläufig mit einem Burn-out enden. Anders ausgedrückt: Man kann trotz vieler Arbeit und verschiedener Rollen gesund und zufrieden sein, solange der Stress kontrolliert ist und die Batterien regelmäßig aufgefüllt werden. Neben chronisch unkontrolliertem Stress und Persönlichkeitsmerkmalen spielen zwei weitere wichtige Faktoren eine entscheidende Rolle, ob jemand gefährdet ist, an einem Burn-out zu erkranken:

▸ Chronisch unkontrollierter Stress/Belastungen

▸ Persönlichkeitsmerkmale

▸ Verhaltensmuster, persönliche Einstellungen

▸ Veranlagung

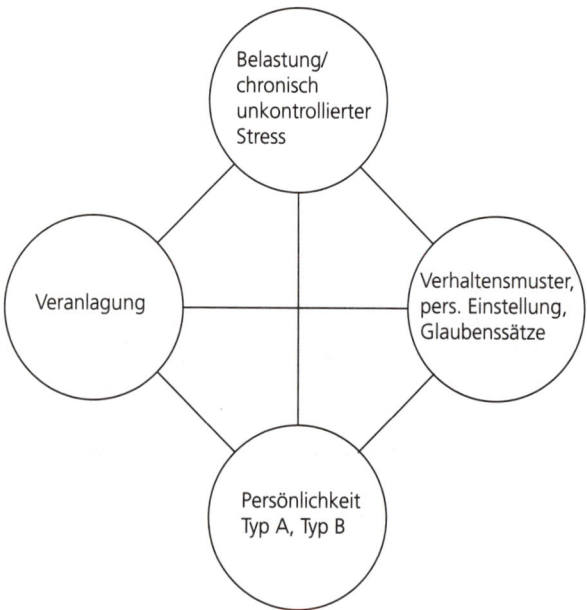

*Abbildung 4: Das Doppelhantelmodell*

## Chronisch unkontrollierter Stress

Stress an sich macht nicht krank, er ist sogar lebensnotwendig! Bei akutem Stress, also bei äußeren Gefahren, die wir als bedrohlich einstufen, lösen Nerven und Drüsen eine Abfolge von Reaktionen aus und bereiten den Körper auf

Gegenwehr und Kampf oder Flucht in die Sicherheit vor. Das bedeutet im Einzelnen:

▸ Herzschlag und Atmung werden beschleunigt, um große Muskeln und wichtige Organe mit Blut und Sauerstoff zu versorgen. Bei Organen, die nicht überlebensnotwendig sind, wie Verdauungstrakt, Hände und Füße, wird die Blutversorgung gedrosselt.

▸ Blutgefäße verengen sich und der Blutdruck steigt.

▸ Die Verdauung wird eingestellt, was sich oft am trockenen Mund bemerkbar macht.

▸ Der Organismus schüttet vermehrt Blutblättchen aus, um für den Fall einer Verletzung die Blutgerinnung zu unterstützen.

▸ Das Knochenmark wird angeregt, mehr weiße Blutkörperchen zu produzieren, um eine etwaige Infektion zu bekämpfen.

▸ Die Leber wird aktiviert, die Zuckerproduktion zu steigern, um kurzfristig mehr Energie bereitzustellen.

▸ Pupillen erweitern sich und die Augenmuskeln schalten auf Fernsicht.

▸ Die Schweißproduktion wird angeregt, um den Körper im Fall einer körperlichen Anstrengung (Kampf oder Flucht) zu kühlen.

Alle diese Reaktionen sind normal, sichern uns das Überleben und schützen uns vor Gefahren. Dabei ist es für die Reaktionen irrelevant, ob ein physischer oder psychischer Stressor vorliegt.

### Herrn Antons Reaktion

*Herr Anton reagiert unmittelbar nach dem „Angriff" seines Chefs mit schneller und flacher Atmung, die Pulsfrequenz ist hoch, er schwitzt und es kommt zu einem lautstarken „Gegenangriff". Als er schließlich merkt, dass er dem „Feind" nicht gewachsen ist, reagiert er auf der emotionalen Ebene und flüchtet …*

Nach einer physischen oder psychischen Bedrohung versucht der Organismus, seine normale Funktionsfähigkeit so schnell wie möglich wiederzuerlangen, um für weitere Bedrohungen genug Reserven zu haben.

Doch wenn der Stress zu lange andauert – das kann Wochen oder Monate der Fall sein, wie bei Herrn Anton – schüttet der Organismus dauerhaft Stresshormone (Cortisol und Adrenalin) aus. Da unser Körper nur auf eine kurzzeitige Ausschüttung vorbereitet ist, kommt es zu einem Überschuss der Stresshormone. Der Organismus kommt mit dem Abbau sozusagen nicht mehr hinterher und reagiert mit vielfältigen Fehlfunktionen und unter Umständen auch mit ernsthaften körperlichen und psychischen Erkrankungen bis hin zum Burn-out-Syndrom.

### Herrn Antons Reaktion – Teil 2

*Da Herr Anton über keinerlei Kraftreserven mehr verfügt, ist eine adäquate Reaktion auf die Kritik seines Chefs nicht mehr möglich. Der Stressor wird als unangemessen bedrohlich erlebt.*

> Stress kann sich zum chronisch unkontrollierten Stress entwickeln und dieser endet schließlich im Burn-out mit körperlichen, psychischen und sozialen Auswirkungen. **!**

## Verhaltensmuster, persönliche Einstellungen und Glaubenssätze

Unsere Gedanken, Glaubenssätze, Einstellungen und Erwartungen beeinflussen uns nicht nur in der Bewertung unserer Umwelt, sondern auch in der Bewertung unserer eigenen Person und unserer Leistung. Beispiele für solche Stress erzeugenden Einstellungen sind die Merkmale des Typs B. Diese Verhaltensmuster und Glaubenssätze können Stressreaktionen auslösen und diese sogar verstärken. Zu diesen Stress erzeugenden Merkmalen zählen

▸ Eigenschaften wie mangelndes Selbstwertgefühl, Ängstlichkeit und Schuldanfälligkeit,

▸ zu hohe Zielsetzungen und Schwierigkeiten, Kompromisse einzugehen,

▸ ein Selbstwertgefühl, das durch die Aufopferung an eine Aufgabe und die damit erwartete Dankbarkeit bezogen wird (Hausfrauen und Mütter),

▸ die Einstellung „Erst die Arbeit, dann das Vergnügen" oder „Erholung im Job von der Hausarbeit und Erholung vom Job bei der Hausarbeit",

▸ eine schlechte oder gar keine Ausbildung, die häufig zu Misserfolgen statt zu lebenswichtigen Erfolgserlebnissen führt,

‣ ein Selbstwertgefühl, das fast ausschließlich aus dem Berufsleben bezogen wird, weshalb Betroffene dem Erfolg hinterherlaufen, sowie

‣ eine große Sehnsucht nach Anerkennung und Lob.

> *„Erfolg ist eine Nebenerscheinung,*
> *niemals darf er zum Ziel werden." (Gustave Flaubert)*

## Persönlichkeit

Hierunter zählen die individuellen Persönlichkeiten, die wie eingangs beschrieben in die zwei Risikotypen A und B eingeteilt werden.

## Veranlagung

Jeder Mensch ist mit einer bestimmten Veranlagung ausgestattet, einer Empfindsamkeit, wie gut er dem Stress, dem Druck und den Belastungen standhalten kann. Sehr empfindsame Menschen, das heißt Menschen mit einer hohen Vulnerabilität (V), überschreiten bei gleicher Dosis Stress oder Belastung (B) schnell den kritischen Grenzwert, der eine Dysbalance zur Folge hat. Menschen mit einer geringen Vulnerabilität – also weniger empfindsame Menschen – hingegen haben bei gleicher Stressdosis noch „Puffer" bis zu diesem kritischen Grenzwert.

Menschen mit einer höheren Belastbarkeit, also einer geringen Vulnerabilität, erholen sich auch schneller von den Belastungen und dem Stressgeschehen.

### *Vulnerabilität*

*Vulnerabilität beschreibt die Empfindsamkeit und die Verletz-*
*lichkeit eines Menschen.*

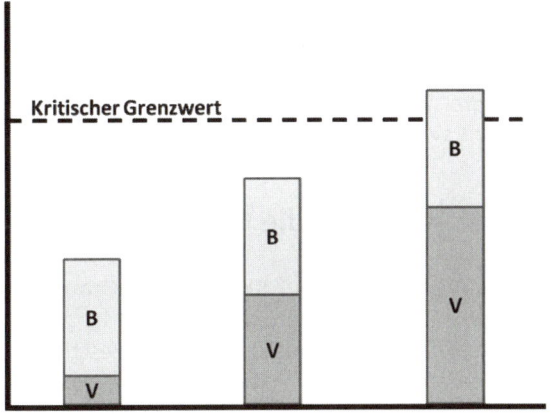

*Abbildung 5: Das Vulnerabilitäts-Belastungs-Modell*

> Die gleiche Stressdosis führt bei Menschen mit einer
> höheren Vulnerabilität zum früheren Erreichen des
> kritischen Grenzwerts. Demnach ist Stressprävention
> auch Burn-out-Prävention!

Die vier einzelnen Gewichte der Doppelhantel – Belastungen, Persönlichkeit, Verhaltensmuster und Veranlagung –
sollten sich die Waage halten. Wird ein Gewicht dominan-
ter und somit zu schwer, geht die Balance verloren. Dann
muss zusätzlich Energie aufgewendet werden, um das
Gleichgewicht wiederherzustellen.

> ### *Herr Anton und seine Doppelhantel*
>
> *Herr Anton hat eine sehr große Belastung und gleichzeitig ein sehr Stress erzeugendes Verhaltensmuster. Somit gerät sein Doppelhantelmodel trotz seiner geringen Vulnerabilität aus der Balance. Um das Gleichgewicht wiederherzustellen, sollte Herr Anton die Ressource „geringe Vulnerabilität" weiter ausbauen und zunächst den Fokus auf sein Verhaltensmuster legen, um damit die Belastungen abzubauen und seine Widerstandsfähigkeit zu steigern.*

## Auswirkungen auf die Gesundheit

Jeder von uns hat seine ganz individuellen Schwachstellen, die sich beim Überschreiten des Grenzwerts zuerst bemerkbar machen. Diese – meist physischen Beschwerden – lassen uns dann den Weg zum Arzt finden, der aber oft keinen ausreichenden medizinischen Befund feststellen kann. Nicht selten werden lediglich die Symptome angegangen, nicht jedoch die Ursache im Lebenskonzept.

Im Prinzip können sich alle Organsysteme bemerkbar machen, anfangs leise und dezent und später immer deutlicher:

▸ Gehirn: Das Stresshormon Cortisol schädigt mit der Zeit die Gehirnzellen. Es drohen Kopfschmerzen, Konzentrationsstörungen, Störungen im Denken und Ängste.

▸ Herz-Kreislauf-System: Erhöhter Blutdruck und Herzschlag verringern die Elastizität der Blutbahnen. Als Folge davon kann es zu Herzrhythmusstörungen und zum Herzinfarkt kommen.

▸ Leber und Nebennieren: Durch die dauerhafte Aktivität (Mobilisierung der Zucker- und Fettreserven durch die Leber und Cortisolausschüttung durch die Nebennieren) erschöpfen sich die Organe und lassen in ihrer Leistung nach.

▸ Immunsystem: Cortisol schädigt auf Dauer das Immunsystem. Es kommt zu einer verminderten Infektionsabwehr mit häufigen Infekten und übersteigerter Immunreaktion gegenüber Einflüssen von außen (Allergien).

▸ Geschlechtsorgane: Die Sexualhormone werden gedrosselt, die Lust auf Sexualität geht verloren. Erektionsstörungen und Zyklusstörungen werden häufiger.

▸ Verdauungssystem: Durch die Drosselung der Blutgefäße ist die Magen- und Darmschleimhaut anfälliger gegenüber Geschwüren. Übelkeit, Durchfall und Verstopfung sind erste Anzeichen.

▸ Muskulatur: Durch die dauerhafte Anspannung der großen Muskelpartien kommt es zu Verspannungen, vor allem im Rücken- und Nackenbereich, die dann wiederum zu Spannungskopfschmerzen führen können.

## Burn-out und Depression

Je ausgeprägter ein Burn-out ist, desto schwieriger ist es, dies von einer depressiven Episode zu unterscheiden. Eine Depression zeichnet sich durch folgende Hauptkrankheitszeichen aus:

▸ gedrückte Stimmung und Freudlosigkeit („Ich könnte ständig heulen.") vor allem am Morgen, das sogenannte „Morgentief"

▸ Verlust von Freude und Interessen mit zunehmender Isolierung und mangelnder Körperpflege

▸ erhöhte Ermüdbarkeit und verminderter Antrieb

Dazu kann noch eine Projektion auf den Körper erfolgen mit entsprechenden körperlichen Symptomen, ohne dass wirkliche Schäden vorliegen (z. B. undifferenzierte Schmerzen am gesamten Körper, Kopfweh, Rückenschmerzen, Herz- und Brustschmerzen).

Eine Depression wird in leichte, mittelgradige und schwere Episoden eingeteilt. Dazu müssen folgende depressive Symptome während einer bestimmten Dauer ausreichend häufig vorliegen:

1. ausgeprägte depressive Verstimmung

2. Antriebsminderung und Müdigkeit

3. Verlust von Freude und Interesse

4. Einbruch von Selbstvertrauen und Selbstwertgefühl

5. übertriebene Selbstvorwürfe und Schuldgefühle

6. Störung des Essverhaltens mit Gewichtsveränderung

Die Punkte 1 bis 3 treten bei einem Burn-out durchaus häufig auf, während die Punkte 4 bis 6 nicht unbedingt vorkommen müssen.

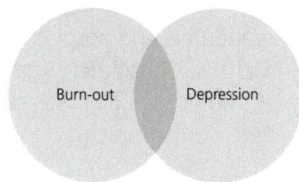

*Abbildung 6: Je fortgeschrittener ein Burn-out, desto größer ist
die Schnittmenge mit den Symptomen einer Depression*

Ein Burn-out im fortgeschrittenen Stadium und eine
Depression lassen sich letztlich nicht scharf voneinan-
der trennen.

## Professionelle Hilfe

Scheuen Sie sich nicht, den Weg aus dem Burn-out mit
Unterstützung von professionellen Helfern zu gehen. Die
Hilfe von Freunden und Familienangehörigen ist wichtig
und notwendig, dennoch eröffnet der Blick eines „neutra-
len" Helfers andere Perspektiven. Falls Sie sich nicht sicher
sind, ob Sie professionelle Hilfe benötigen oder ob Sie es
vielleicht doch schaffen, Ihre Ressourcen zu mobilisieren
und verschiedene Lebensbereiche zu ändern, dann kann
die erste Anlaufstelle eine psychosoziale Beratungsstelle
sein. In den Beratungsstellen, deren Träger in der Regel
Wohlfahrtsverbände, kommunale Stellen und Vereine sind,
arbeiten Fachberater verschiedener Disziplinen: Psycholo-
gen, Sozialpädagogen, Ärzte, Psychotherapeuten, Pädago-
gen und viele mehr.

Berater und Therapeuten sind absolut neutral und unterliegen der Pflicht zur absoluten Verschwiegenheit. Die Beratung ist immer freiwillig: Sie bestimmen den Inhalt und die Tiefe des Gesprächs.

Doch bevor es so weit kommt, bietet Ihnen das folgende Kapitel eine Vielzahl von Beispielen, die Ihnen helfen, aus der Burn-out-Falle wieder herauszukommen und erste nachhaltige Veränderungen einzugehen. Denken Sie dabei, dass das Finden von Lösungen und Veränderungen geistige, später auch oft körperliche Anstrengungen mit sich bringt. Aus diesem Grund ist es wichtig, auch kleine Fortschritte zu würdigen!

### Frau Wagner

*Frau Wagner ist Anfang dreißig und eine ehrgeizige, erfolgreiche Juristin. Sie arbeitet in einem großen, internationalen Konzern in der Rechtsabteilung. Ihr Arbeitstag ist oft sehr lang und anstrengend – wobei sie selbst sagt, dass ihr die Arbeit an sich sehr viel Spaß macht. Die ständigen Reiberein mit ihrem launischen Chef, dem man es nicht recht machen kann, und manche ihrer nervigen Kollegen empfindet sie oft als störende „Zeitfresser", die ihre privaten Probleme in die Arbeit tragen und sich ständig darüber austauschen. In letzter Zeit kommt es immer öfter vor, dass Frau Wagner zusätzliche Arbeitsaufträge, die ihr der Chef oder die Kollegen auftragen, übernimmt. Sie traut sich nicht, diese Aufträge abzulehnen, da sie glaubt, sich mit einer Ablehnung selbst ins Abseits zu stellen. Dadurch sind Überstunden die Normalität, oftmals kommt sie morgens um 8.00 Uhr ins Büro und verlässt es erst gegen 22.00 Uhr wieder, in der*

*Annahme, dass das von ihr erwartet wird. Ihrem Empfinden nach ist das eine unausgesprochene Abteilungsregel.*

*Vor Kurzem ist sie auf der Karriereleiter nach oben gestiegen und wurde befördert. Das hatte zur Folge, dass sie von Köln nach Hamburg umziehen musste. Ihre Wurzeln und sozialen Kontakte hat sie in Köln. Nach dem Studium in Marburg hat sie sich gefreut, dort eine Anstellung gefunden zu haben und Ihre privaten Kontakte wieder intensivieren und pflegen zu können. Jetzt lebt und arbeitet sie in Hamburg. Sie selbst hat allerdings den Eindruck, dass sie die meiste Zeit arbeitet, statt die Stadt zu genießen. Sie vermisst ihre Familie, ihre Freunde und ihren Lebensgefährten, der in Köln lebt, sodass sie eine Wochenendbeziehung führen muss. Im vierzehntägigen Rhythmus besuchen sie sich abwechselnd in Köln und in Hamburg. Das heißt immer wieder neu Abschied nehmen. Durch den langen Arbeitstag im Büro fällt es ihr schwer, neue private Kontakte zu knüpfen.*

*Die einzige Möglichkeit für Frau Wagner, längere Zeit mit ihrem Lebensgefährten zu verbringen, ist im Urlaub. In diesem Jahr waren sie auf einer vierzehntägigen Traumreise auf einem Kreuzfahrtschiff, das bei strahlendem Sonnenschein durchs Mittelmeer fuhr. Anschließend verbrachten sie noch eine schöne erholsame Woche im Kreise ihrer Familie und Freunde in Köln, bis Frau Wagner sich wieder Richtung Hamburg aufmachte. Der Gedanke, am nächsten Tag wieder zu arbeiten, erfüllte sie zunächst mit Freude und dennoch kamen ihr Bedenken, ob sie den Anforderungen gewachsen ist.*

*Seit einiger Zeit werden Frau Wagner und ihre Kollegen von einem Business-Coach betreut. Sie hat ihren ersten Termin gleich am Montag nach ihrem Urlaub.*

*Obwohl sie sich auf diesen Termin gefreut hat, steht sie dem Coaching skeptisch gegenüber. Auf die Frage des Coachs nach ihrem Befinden bricht sie in Tränen aus und berichtet mit erstickter Stimme, dass sie sich überhaupt nicht erholt habe und noch genauso fertig und angespannt wie vor ihrem Urlaub sei. Der Coach erklärte ihr, dass das eindeutige Symptome für ein sogenanntes „Burn-out" sind.*

## Auf den Punkt gebracht

Burn-out ist ein ernst zu nehmender Zustand, der eine professionelle Hilfe erforderlich macht. Freunde und Familienangehörige sind wichtige Ansprechpartner, können aber eine professionelle Beratung nicht ersetzen.

# Glaubenssätze prägen unser Leben

*„Wenn es einen Glauben gibt, der Berge versetzten kann,*
*so ist es der Glaube an die eigene Kraft."*
*(Marie von Ebner-Eschenbach)*

*„Ob Sie nun glauben, dass Sie eine Sache tun können oder sie*
*aber nicht tun können, so haben Sie in jedem Fall recht."*
*(Henry Ford)*

> „Ein Glaubenssatz ist eine Annahme mit einem Gefühl
> von Sicherheit!" (Anthony Robbins)

„Erst die Arbeit, dann das Vergnügen, „Ohne Fleiß keinen Preis" oder „Ich bin ein Glückskind!" – das alles sind Glaubenssätze, von denen wir den einen oder anderen auch schon gehört haben. Selbst in der Bibel finden wir Sätze dieser Art, zum Beispiel: „Der Glaube versetzt Berge."

## Glaubenssätze

*Glaubenssätze sind Überzeugungen, die wir von uns selbst haben und davon, was in der Welt um uns herum möglich ist. Sie sind Verallgemeinerungen (Generalisierungen) über die Beziehungen zwischen Erfahrungen (nach Dilts/Epstein).*

Glaubenssätze sind verinnerlichte Regeln gepaart mit Erfahrungen, die wir Menschen im Laufe unseres Lebens sammeln. Sie beeinflussen unser Verhalten, unsere Haltung zum Leben, unsere Beziehung zu unseren Mitmenschen und zu uns selbst. Sie weisen uns bewusst oder unbewusst unseren Weg im Leben. Sie geben unserem Leben Sinn und Bedeutung. Wir sprechen von ihnen auch als von unseren „Einstellungen". Sie können ebenso als „Leitprinzipien" oder „Leitregeln" bezeichnet werden. Sie sind weder positiv noch negativ; es hängt von der Betrachtungsweise ab. „Jungen weinen nicht." – Dieser Glaubenssatz kann bei einer beruflichen Niederlage hilfreich sein, um das Gesicht zu wahren; bei dem Verlust eines nahestehenden Menschen jedoch kann es als emotionslos empfunden werden und der Trauerbewältigung abträglich sein. Weitere Beispiele für Glaubenssätze:

## Einschränkende Glaubenssätze

▸ Die Leute denken schlecht über mich, wenn ich einen Fehler mache.

▸ Ich muss etwas leisten, um Anerkennung zu bekommen.

▸ Ich muss perfekt sein.

▸ Ich darf keine Fehler machen.

▸ Es ist für mich sehr wichtig, wie andere Menschen über mich denken.

▸ Wenn ich um Hilfe bitte, dann ist das ein Zeichen von Schwäche.

▸ Ohne Fleiß keinen Preis.

▸ Schuster bleib bei deinen Leisten.

▸ Ich muss die/der Beste sein, nur dann komme ich im Leben weiter.

- Im Leben wird einem nichts geschenkt.

- Mädchen sind lieb und brav.

- Jungen weinen nicht.

- Wenn ich bei meiner Arbeit versage, dann bin ich als ganzer Mensch ein Versager.

- Der Wert meiner Person hängt größtenteils davon ab, was andere von mir halten.

- Das Leben ist hart und beschwerlich.

- Erst die Arbeit, dann das Vergnügen.

## Unterstützende Glaubenssätze

- Ich bin ein Glückskind.

- Mir fliegen Dinge einfach zu.

- Das Leben ist einfach wunderbar und gut zu mir.

- Ich bin eine Gewinner-/Siegertyp.

- Mir wird alles gelingen.

- Alles was ich anfasse, wird zu Gold.

- Das schaffe ich.

- Wer nicht wagt, der nicht gewinnt.

- Ich kann alles erreichen, was ich will.

- Ich bin immer zur richtigen Zeit am richtigen Ort.

- Im Leben ist es wichtig, die richtigen Menschen zu treffen – ich treffe immer die richtigen.

- Auf Regen folgt Sonnenschein.

▸ Das Leben geht weiter.

▸ Wenn sich eine Türe schließt, öffnet sich ein Fenster.

▸ Mir steht die Welt offen.

## Wofür sind Glaubenssätze wichtig?

Glaubenssätze helfen uns dabei, Informationen sicher und schnell einzuordnen. Sie dienen uns als Richt- und Leitwerte, geben somit unserem Leben Stabilität und Kontinuität und sichern unser Überleben. Sie können uns motivieren, wie zum Beispiel: „Alles, was ich will, kann ich auch erreichen."

Unsere Glaubenssätze können uns in bestimmten Situationen auch wieder aufbauen: „Wenn sich eine Türe schließt, öffnet sich ein Fenster", oder: „Nach Regen folgt auch wieder Sonnenschein."

Sätze wie: „Erst die Arbeit, dann das Vergnügen", oder: „Nur wenn ich etwas leiste, bekomme ich von anderen Anerkennung", können uns in die Burn-out-Spirale treiben.

## Wie entstehen Glaubenssätze?

Wir übernehmen Glaubenssätze von wichtigen Bezugspersonen, zum Beispiel von unseren Eltern, Großeltern und Geschwistern sowie von Lehrern oder anderen Bezugspersonen. Diese Übernahme erfolgt unreflektiert und unbewusst meistens in der frühen Kindheit, bis wir ca. acht bis zehn Jahre alt sind. Später verankern wir diese Sätze bewusst oder unbewusst in unser Leben.

# Wie kann ich meine eigenen Glaubenssätze herausfinden?

Am leichtesten nähern Sie sich Ihren Glaubenssätzen, indem Sie sich vorstellen, ein Fernsehteam möchte eine Reportage über Ihr Leben drehen. Dazu müssen Sie die Hauptperson – nämlich sich selbst – beschreiben. Dabei können Ihnen folgende Leitfragen behilflich sein:

▸ Wie habe ich im Alter von ca. acht Jahren ausgesehen?

▸ Welche Kleider habe ich bevorzugt getragen?

▸ Was habe ich tagsüber gemacht?

▸ Welche Charaktereigenschaften hatte ich? War ich eher ein lebhaftes/selbstbewusstes oder ein stilles/schüchternes Kind?

▸ Habe ich viel mit anderen oder oft allein gespielt?

Um das Drehbuch zu erstellen, ist es ebenso wichtig, den Drehort des Films zu kennen. Nehmen Sie dazu ein Blatt Papier, versetzen Sie sich gedanklich erneut in Ihre Kindheit und malen Sie ein Bild von der Wohnung, in der Sie gelebt haben. Zeichnen Sie eine Skizze mit allen Räumen: Wohn-, Kinder-, Elternschlafzimmer, Küche, Bad, Diele, Hauseingang etc. Durch diese Vorgehensweise fällt es Ihnen leichter, sich in die Zeit Ihrer Kindheit hineinzuversetzen.

Anschließend beantworten Sie folgende Fragen:

| Mutter | Vater |
|--------|-------|
| Was denkt Ihre Mutter über das Leben? | Was denkt Ihr Vater über das Leben? |
| Wie denkt Ihre Mutter über das Leben? | Wie denkt Ihr Vater über das Leben? |
| Wie ist das Leben zu ihr? | Wie ist das Leben zu ihm? |
| Was denkt Ihre Mutter heimlich über ihr Kind? | Was denkt Ihr Vater heimlich über sein Kind? |
| Was wünscht sie sich für ihr Kind in der Zukunft? | Was wünscht er sich für sein Kind in der Zukunft? |

Wenn es andere Bezugspersonen in Ihrem Leben gab, so können Sie diese anstelle von Vater und Mutter nehmen.

Legen Sie nun die Aussagen nebeneinander, mit denen Sie sich am ehesten identifizieren, die Ihnen „irgendwie bekannt vorkommen". Schreiben Sie sich diese nun heraus:

1. ...

2. ...

3. ...

> **!** Natürlich sind die oben genannten Glaubenssätze nicht wortwörtlich zu verstehen. Wir tragen Sie vielmehr in abgewandelter Form in uns.

## Frau Wagner und ihre Glaubenssätze

*Im Elternhaus von Frau Wagner gab es wie in jeder Familie Glaubenssätze. Ihre Mutter sagte immer: „Zuerst die Arbeit, dann das Vergnügen." Das bedeutete für sie als Kind, wenn sie aus der Schule nach Hause kam, sofort nach dem Essen ihre Hausaufgaben zu machen. Gerne hätte sie zwischen Essen und Schularbeiten noch ein wenig gespielt und erst dann mit den Aufgaben begonnen. Heute findet sich dieser Glaubenssatz „Ich muss alles sofort erledigen, nur dann bin eine gute Mitarbeiterin" in ihrem Alltag wieder. Wenn ihr Chef ihr eine Aufgabe übergibt, erfüllt sie diese sogleich. Es kommt häufig vor, dass sie am Abend so lange im Büro bleibt, bis sie fertig ist. Daher ist sie oft noch spät abends an ihrem Schreibtisch anzutreffen. Wenn sie dann nach Hause kommt, gönnt sie sich keine Pause, sondern räumt zuerst die Spülmaschine und die Waschmaschine aus, bevor sie zum Beispiel Laufen geht oder sich einfach einmal hinsetzt und die Zeitung liest. Sehr häufig füllt die Hausarbeit den restlichen Abend aus und für ihre persönlichen Interessen bleibt keine Zeit. Im Gespräch mit ihrem Coach hat sie diesen Glaubenssatz verändert. Er lautet heute: „Ich mache meine Arbeit sofort und wenn es mir guttut, mache ich eine Pause. Wenn ich etwas auf morgen verschiebe, ist das völlig in Ordnung."*

*Weitere Sätze aus ihrem Elternhaus lauten: „Ich muss perfekt sein und darf keine Fehler machen", und: „Ohne Fleiß keinen Preis." Auch diese hat sie bewusst verändert. Sie lauten nun: „Ich bekomme Anerkennung wegen meiner Leistung und meiner Person. Fehler gehören genauso zu meinem Leben wie Erfolge."*

## Wie können wir Glaubenssätze ändern?

Sinnvoll ist es, unterstützende Glaubenssätze wie „Ich bin ein Glückskind!" und „Das schaffe ich schon" wertzuschätzen und sie so zu belassen, wie sie sind.

Werfen wir nun einen Blick auf Ihre einschränkenden Glaubenssätze:

## Übung: Glaubenssätze ändern

▸ *Denken Sie an drei Ihrer einschränkenden Glaubenssätze. Nun schauen Sie in einen imaginären Spiegel und bedanken Sie sich bei Ihren Glaubenssätzen, denn sie haben Sie dahin gebracht, wo Sie heute stehen. Anschließend stellen Sie sich vor, wie Ihr Leben in fünf Jahren sein wird, wenn Sie sich weiter so verhalten, als seien die einschränkenden Glaubenssätze wahr.*

▸ *Stehen Sie auf und gehen Sie im Zimmer umher, um wieder klar zu werden. Nun denken Sie an drei neue Glaubenssätze, die Ihnen Stärke und Selbstvertrauen geben. Schauen Sie erneut in Ihren Spiegel. Stellen Sie sich vor, wie Sie sich verhalten würden, wenn diese neuen Glaubenssätze bereits wahr wären. Wie sieht Ihr Leben dann in fünf Jahren aus?*

▸ *Stehen Sie wieder auf und gehen Sie im Zimmer umher. Atmen Sie tief durch. Denken Sie nun voller Freude an Ihre neuen Glaubenssätze, die Ihnen Stärke und Selbstvertrauen geben. Schreiben Sie diese auf, hängen Sie sie an einen Platz, an dem Sie täglich vorbeikommen und darauf schauen.*

**!** Wenn wir unsere Glaubenssätze ändern, ändert sich auch unser Verhalten und damit unser Leben.

**Auf den Punkt gebracht**

▸ Glaubenssätze prägen unser Leben.

▸ Sie entstehen in unserer frühen Kindheit, wir übernehmen sie meist unreflektiert.

▸ Glaubenssätze sind weder positiv noch negativ.

▸ Wir sollten sie wertschätzen. Sie brachten uns zu dem Punkt unseres Lebens, an dem wir im Moment stehen.

▸ Sie können uns motivieren, trösten, blockieren oder uns in ein Burn-out treiben.

▸ Wir können unsere Glaubenssätze bei Bedarf verändern und das hat Einfluss auf unser Verhalten und auf unser Leben.

# Nein sagen!

„Ich konnte unmöglich Nein sagen!" – Das kennen Sie bestimmt: Sie haben einen Berg voll unerledigter Arbeit. Dann taucht Ihr Chef an Ihrem Schreibtisch auf und bittet Sie, eine zusätzliche Aufgabe zu erledigen. Anstatt Nein zu sagen oder: „Nein, das schaffe ich nicht noch zusätzlich", ertappen Sie sich, wie Sie „Ja, das mache ich doch gerne für Sie" sagen. Anschließend wird es Ihnen so richtig bewusst, dass Sie nun noch mehr zu tun haben, und Sie ärgern sich über Ihre spontane Zusage.

## Warum ist es so schwer, Nein zu sagen?

 Wenn wir Nein sagen, haben wir Angst, dass wir abgelehnt und von anderen nicht mehr gemocht werden.

Diese Angst haben wir sowohl in unserem Privatleben als auch in unserem beruflichen Alltag schon erlebt. Manche von uns haben schon als Kind die Erfahrung gemacht, dass es nützlicher für uns sein kann, Ja statt Nein zu sagen. Wir merken sehr schnell, dass wir den anderen enttäuschen, wenn wir seinen Wünschen und Bitten nicht nachkommen. Eines unserer Grundbedürfnisse ist das Bedürfnis nach Anerkennung und Liebe. Wenn wir Nein sagen, glauben wir, dass wir nicht mehr geliebt werden.

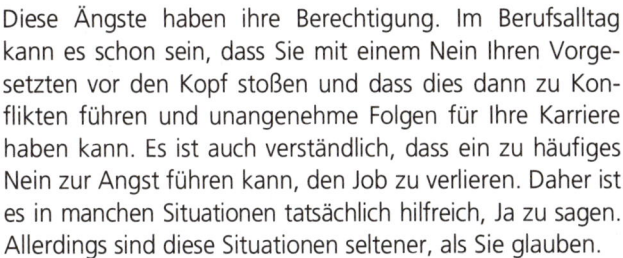

Wir haben Angst, dass unser Nein negative Konsequenzen haben könnte.

Diese Ängste haben ihre Berechtigung. Im Berufsalltag kann es schon sein, dass Sie mit einem Nein Ihren Vorgesetzten vor den Kopf stoßen und dass dies dann zu Konflikten führen und unangenehme Folgen für Ihre Karriere haben kann. Es ist auch verständlich, dass ein zu häufiges Nein zur Angst führen kann, den Job zu verlieren. Daher ist es in manchen Situationen tatsächlich hilfreich, Ja zu sagen. Allerdings sind diese Situationen seltener, als Sie glauben.

## Wir wollen gebraucht werden und wichtig sein

Die meisten von uns haben das große Bedürfnis, gebraucht zu werden und wichtig zu sein. Es schmeichelt uns, wenn wir gefragt werden, ob wir eine Aufgabe oder Gefälligkeit übernehmen können. Es gibt uns das Gefühl, anderen helfen zu können und anderen etwas zu geben. Wenn das ein gegenseitiges Geben und Nehmen ist, ist das vollkommen in Ordnung. Wenn wir mehr geben, als wir bekommen, laufen wir Gefahr auszubrennen, weil wir persönlich zu kurz kommen. Wenn wir zu viel geben, laufen wir Gefahr, verlassen zu werden. Und das kostet uns viel Energie, die uns dann in unserem gesamten Leben fehlt.

### Frau Wagner gibt zu viel

*In den ersten Wochen in Hamburg suchte Frau Wagner privaten Anschluss bei einer Kollegin. Sie lud sie zum Essen ein, besorgte Kinokarten, organisierte eine Fahrt auf der*

> Elbe. *Ihre Kollegin war eher die Passive, sie genoss die gemeinsamen Aktivitäten. Aus einer inneren Verpflichtung lud sie Frau Wagner ebenfalls zum Essen ein. Die meisten Impulse jedoch kamen von Frau Wagner. Im Laufe der Zeit, zog sich die Kollegin immer mehr zurück. Sie habe schon etwas anderes vor etc. Frau Wagner hatte zu viel gegeben! Das konnte ihre Kollegin nicht mehr gutmachen. Deshalb zog sie sich zurück.*

▸ Wer zu viel gibt, wird verlassen.

▸ Schaffen Sie gegenseitig vernetzte Abhängigkeiten.

▸ Das Leben ist Geben und Nehmen.

▸ Ziehen Sie bewusst Grenzen.

## Wenn wir Nein sagen, glauben wir, etwas zu versäumen

Wir alle haben das Bedürfnis, dabei zu sein, mitreden zu wollen, Neues zu erleben – sowohl im beruflichen als auch im privaten Kontext. So wollen oder müssen wir bei jeder Besprechung, jedem Meeting, jeder Feier, jedem Treffen dabei sein. Wenn wir das nicht machen, haben wir das Gefühl, etwas zu verpassen. Natürlich ist es schön, wenn wir uns mit Freunden treffen, um gemeinsam zu feiern und nach Herzenslust zu quatschen. Auch ist es zweifelsohne wichtig, zu Besprechungen zu gehen, um informiert zu sein und sich mit seinen Ideen einzubringen. Aber müssen wir wirklich zu jeder Feier und zu jedem Meeting? Oftmals sind unsere Terminkalender überfüllt, sodass wir kaum Zeit zum Atmen haben. Steht dann das Wochenende vor der Tür, wünschen wir uns auszuspannen, um neue Energie zu schöpfen. Doch wir finden uns wieder in Terminen und Verpflichtungen. Die meiste Zeit sind wir fremdbestimmt. Hilfreich und notwendig ist es, wenn wir Prioritäten setzen und den Fokus darauf legen, was uns Spaß macht und guttut. Das Leben geht auch weiter, wenn wir nicht überall dabei sind und einmal Nein zu einer Feier sagen. Das schafft Raum für Dinge, die uns wichtig sind, und bietet die Möglichkeit, aufzutanken und zu regenerieren.

> Wenn wir Nein sagen, haben wir die Befürchtung, die anderen könnten uns für egoistisch und herzlos halten.

Diesen Befürchtungen, egoistisch und herzlos zu sein, liegen unsere Wertvorstellungen zugrunde. Schon als Kind lernen wir: „Du musst für andere da sein, nur dann bist du lieb." Schon die kleinsten Ansätze von egoistischem Verhalten sind sehr negativ belegt. Aber sind wir wirklich egoistisch, wenn wir Nein sagen und nicht gleich springen, wenn jemand uns um etwas bittet?

Allein die Tatsache, dass wir uns darüber Gedanken machen, lässt uns schon erkennen, dass wir keine Egoisten sind. Denn wirkliche Egoisten kommen gar nicht auf die Idee, sich das zu fragen. Der Vorwurf, ein Egoist zu sein, ist ein sehr wirkungsvoller Manipulationsversuch. Wir können ihn einfach so hinnehmen oder überlegen: Sind wir wirklich so herzlos und tun nichts für andere? Wir selbst wissen am allerbesten, wie viel wir für andere tun!

## Wenn wir Nein sagen, haben wir Angst, andere zu kränken

Manchmal glauben wir, dass wir durch unser Nein andere kränken, dabei denken die anderen oftmals ebenso wie wir und haben ihrerseits Angst, uns zu kränken.

### Stellen Sie sich vor ...

*Stellen Sie sich vor, Sie sind am Wochenende bei einer Bekannten zum Essen eingeladen. Sie kennen Ihre Bekannte noch nicht lange, wertschätzen sie aber sehr. Im Moment ist Ihnen alles zu viel. Sie wünschen sich, am Wochenende einfach mal auszuspannen. Sie überlegen hin und her, was Sie machen sollen. Sie befürchten, Ihre Bekannte zu kränken, wenn Sie absagen. Das wollen Sie auf gar keinen Fall. Sie überlegen, ob Sie eine Krankheit vorschieben sollen oder dass Sie unbedingt nach Ihrer Mutter schauen müssen. Am Ende beschließen Sie, Ihrer Bekannten die Wahrheit zu sagen. Sie bedanken sich nochmals für die nette Einladung und teilen ihr mit, dass Ihnen im Moment alles zu viel sei und Sie deswegen die Einladung gerne auf einen späteren Zeitpunkt verschieben möchten. Ihre Bekannte lacht daraufhin und erzählt Ihnen, dass sie ebenfalls schon die ganze Zeit überlegte, Sie anzurufen, um die Einladung zu verschieben. Auch ihr ist etwas dazwischen gekommen.*

**!** Bleiben Sie bei der Wahrheit! Erklären Sie die Dinge so, dass sie der andere nachvollziehen kann. Schieben Sie keine Unwahrheiten vor. Irgendjemand kennt immer die Wahrheit. Wenn dann die Wahrheit ans Licht kommt, ist der andere zu Recht gekränkt.

## Nein sagen kann ein Risiko sein!

Es gibt Situationen, da kann es sein, dass wir bei einem Nein ein Risiko eingehen. Daher ist es wichtig, im Vorfeld zu prüfen, welches Risiko ich eingehe, wenn ich Nein sage, und welche Konsequenzen das dann für mich hat. Ein Beispiel dazu:

### Beispiel

*In Ihrem Unternehmen ist eine Stelle frei geworden. Ihr Chef bittet Sie zu einem Gespräch in sein Büro. Er kann sich gut vorstellen, die frei gewordene Stelle mit Ihnen neu zu besetzen. Im ersten Moment fühlen Sie sich geehrt, dass er bei der Neubesetzung an Sie gedacht hat. Andererseits sträuben Sie sich innerlich dagegen, Ihre jetzige Stelle, die Sie mit viel Engagement aufgebaut haben und in der Sie sich sehr wohl fühlen, zu verlassen. Ihr erster Gedanke ist, das Angebot abzulehnen. Sie bitten Ihren Chef um Bedenkzeit. Jetzt ist es wichtig abzuwägen, welche Konsequenzen ein Ja hat und welches Risiko Nein birgt.*

Denken und tun Sie einen Tag lang so, als ob Sie Ja gesagt hätten. Am nächsten Tag tun Sie so, als ob Sie Nein gesagt hätten. Halten Sie Ihre Ergebnisse schriftlich fest.

## Der beste Weg, Nein zu sagen

Wichtig beim Neinsagen ist, dass der andere unser Nein annehmen und akzeptieren kann und dass wir selbst mit

dem gegebenen Nein leben können. Optimal für alle Betei-
ligten ist es, eine Win-win-Situation herzustellen, damit
keiner sein Gesicht verliert. Das ist allerdings nicht immer
möglich.

## Verschiedene Arten des Neins

Ein Nein ist nicht gleich Nein. Es gibt verschiedene Arten,
Nein zu sagen:

### Ein kategorisches Nein

▸   „Nein, das mache ich nicht!", oder: „Nein, das will ich
    nicht."

Diese Form des Neins ist wohl die härteste Art, ein Nein zu
formulieren. Hierbei sind Konflikte vorprogrammiert und
die Chance, den anderen zu kränken, ist sehr hoch. Das
kategorische Nein ist dennoch in bestimmten Situationen
wichtig und wir können es dann auch sehr erfolgreich
platzieren – beispielsweise wenn wir uns schützen wollen
bei Belästigungen in der U-Bahn oder um klare, unmissver-
ständliche Grenzen zu ziehen. Dieses Nein wenden wir also
bei Personen an, zu denen wir keine Beziehung haben und
auch keine haben wollen.

### Ein verhandelndes Nein

Sie haben einen Berg voll unerledigter Arbeit, als Ihr Chef
zu Ihnen kommt und Sie bittet, eine zusätzliche Aufgabe
zu erledigen. Die meisten Chefs wissen übrigens nicht so
genau, an welchen Aufgaben ihre Mitarbeiter gerade ar-

beiten. Daher kann in diesem Fall ein verhandelndes Nein angebracht sein. Folgendes könnten Sie zu Ihrem Chef sagen:

▸ „Herr Müller, im Moment bearbeite ich Fall A und B. Wenn ich die von Ihnen gestellte Aufgabe übernehmen soll, dann muss ich einen der beiden Fälle liegen lassen, alles schaffe ich nicht. Was hat Priorität? Bitte helfen Sie mir bei der Entscheidung."

Und im privaten Bereich können Sie beispielsweise sagen:

▸ „Danke für deine Einladung zu deiner Geburtstagsfeier! Im Moment bereite ich mich auf mein Examen vor, daher habe ich nicht allzu viel Zeit. Ich würde aber gern zur Feier kommen. Mein Vorschlag wäre, dass ich nur zum Abendessen komme und nicht zum Kaffeetrinken und die Zeit zum Lernen nutze. Dann komme ich entspannt und mit einem guten Gefühl zu dir und freue mich auf dich und deine Gäste. Wenn ich zu beidem komme, habe ich ein schlechtes Gewissen, dass ich nichts gelernt habe. Ist diese Lösung für dich in Ordnung?"

### Ein kooperatives Nein

Im oben erwähnten Fall würde ein kooperatives Nein wie folgt aussehen:

▸ „Ich kann diese Aufgabe gern übernehmen, allerdings schaffe ich es nicht, den ganzen Auftrag zu bearbeiten. Eine Lösung wäre, dass Sie mir einen Teil abnehmen oder dass mir ein Kollege hilft."

## Ein respektvolles Nein

Bei einem respektvollen Nein ist es wichtig, Ihrem Gegenüber zu verdeutlichen, dass das Nein nichts mit der Person zu tun hat, sondern nur mit der Aufgabe. Die gute Beziehung nimmt keinerlei Schaden. Der andere erfährt hohe Wertschätzung, obwohl er ein Nein annehmen muss. Dazu kann es hilfreich sein, sich bei der fragenden Person zu bedanken, dass sie Ihnen diese Aufgabe überhaupt zutraut.

Wenn Sie Ihr Chef also bittet, eine zusätzliche Aufgabe zu übernehmen, können Sie auch folgendermaßen reagieren:

▸ „Ich freue mich, dass Sie ausgerechnet mich fragen, ich fühle mich geehrt. Leider habe ich selbst alle Hände voll zu tun und kann daher keine zusätzlichen Aufgaben übernehmen. Vielleicht kann ich Ihnen ein anderes Mal helfen."

## Ein abschätzendes Nein

In manchen Situationen ist es sinnvoll zu überprüfen, welchen Mehrwert ein Nein oder ein Ja bringt. Stellen Sie sich vor, Sie werden gebeten, nächste Woche einen wichtigen Vortrag zu einem interessanten Thema zu halten, haben jedoch einen übervollen Terminkalender. Nun müssen Sie abwägen, welchen Mehrwert ein Ja und welchen ein Nein hat.

▸ „Für mich ist es zum einen aufwendig, alle Termine an diesem Tag abzusagen, um den Vortrag zu halten, und zum anderen möchte ich die bereits bestehenden Termine einhalten, um damit dem Gegenüber Wertschätzung auszudrücken."

In diesem Nein steckt auch ein Ja – ein Ja zu Ihren bereits vereinbarten Terminen.

## Ein begründendes Nein

Erklären Sie kurz, warum Sie im Moment keine Ressourcen haben. Sie können, müssen aber nicht um Verständnis bitten.

▸ „Ich muss unbedingt noch den Fall C bearbeiten, da dieser bis Ende der Woche abgeschlossen sein muss. Dieser Fall braucht meine ganze Konzentration und Zeit. Ich bitte um Verständnis."

## Ein teilweises Nein

Ihre Mutter kommt auf Sie zu und bittet Sie, am Sonntag mit ihr zu Ihrer Tante zu fahren, um dort gemeinsam Kaffee zu trinken. Sie haben aber keine Lust und wollen die Zeit lieber mit Ihrer Familie verbringen. Ein teilweises Nein würde in diesem Fall folgendermaßen lauten:

▸ „Ich fahre dich gern hin und hole dich wieder ab, aber mit euch Kaffee trinken möchte ich nicht. Wenn ich dich abhole, komme ich kurz ins Haus und begrüße Tante Erna."

## Ein Zeit gewinnendes Nein

Manchmal werden wir von einer Frage oder einer Bitte förmlich überrumpelt. Wir sind ganz in unsere Arbeit versunken oder hatten gerade ein anstrengendes Telefonat. In diesem Moment kommt ein Kollege oder der Chef und fragt, ob wir ihn bei einer Aufgabe unterstützen können. Wir sind so überrumpelt und überrascht, dass wir nicht sofort antworten können. Hier bietet sich ein Zeit gewinnendes Nein an:

▸ „Ich muss über deine Bitte kurz nachdenken, ich komme in einer halben Stunde auf dich zu und gebe dir Bescheid, ob ich dich unterstützen kann oder nicht."

Jetzt ist es hilfreich, zu überlegen:

▸ Was bedeutet das für mich, wenn ich Ja sage?

▸ Wie viel Zeitaufwand ist mit der Bearbeitung der Aufgabe verbunden?

▸ Wer kann mir eventuell helfen?

▸ Welche Ressourcen habe ich, um dieser Bitte nachzukommen.

▸ Wie viel Energie kostet es mich, wenn ich das annehme?

▸ Welche Konsequenzen hat es, wenn ich Nein sage? Und welche, wenn ich Ja sage?

▸ Wer bittet mich um Unterstützung?

▸ Welche Bedeutung hat diese Person für mich? In welchem Verhältnis stehen wir?

▸ Was habe ich in der Vergangenheit für diese Person getan. Ist Geben und Nehmen in der Balance? Schulde ich ihr noch einen Gefallen? Oder kann ich mit gutem Gewissen Nein sagen?

## Ein mitfühlendes Nein

Damit signalisieren Sie, dass Sie die Situation des Gegenübers verstanden haben und nachfühlen können. Ein mitfühlendes Nein ist immer eine Wertschätzung des Gegenübers.

▸ „Es tut mir leid, dass Sie im Moment so viel Arbeit haben und gar nicht wissen, wie Sie das bewältigen sollen. Leider kann ich Ihnen dabei auch nicht helfen. Ich habe selbst so viel zu tun und in unserer Abteilung sind einige Mitarbeiter krank. Fragen Sie doch einmal bei Herrn Müller nach, vielleicht kann er Sie unterstützen."

## Ein priorisierendes Nein

Ein priorisierendes Nein hilft, das Wesentliche vom Unwesentlichen zu trennen. Es hilft auch, sich auf die wesentlichen Aufgaben zu konzentrieren. Nehmen Sie an, Sie bereiten sich auf eine Prüfung vor, die all Ihre Aufmerksamkeit und Energie in Anspruch nimmt. Dann ist es hilfreich, eine Priorisierung vorzunehmen, um klarzustellen, was im Moment wirklich wichtig ist und was warten kann.

▸ „Deine Einladung kann ich nicht annehmen, ich muss mich auf meine Prüfungsvorbereitung konzentrieren. Dazu ist all meine Energie und Kraft notwendig. Gerne komme ich ein andermal zu dir."

## Ein lösungsorientiertes Nein

Einem lösungsorientierten Nein geht voraus, dass es verschiedene Wahlmöglichkeiten gibt.

Zum Beispiel: Sie planen Ihren Urlaub. Es stehen mehrere Länder zur Auswahl: Italien, Frankreich und Malaysia. Wenn Sie nun von vornherein ein Land ausschließen, kommen Sie schneller zu einem Ergebnis. Sie ersparen sich lange Diskussionen und Recherchen und damit viel Zeit.

Bei einem lösungsorientierten Nein fokussieren und positionieren Sie sich sehr bald. Das heißt, ganz bestimmte Möglichkeiten werden von vornherein ausgeschlossen, was zu einer schnelleren Lösung führt.

### Frau Wagner fällt es sehr schwer, Nein zu sagen

*„Nein, ich schaffe das nicht!", oder: „Nein, ich gehe jetzt nach Hause, ich mache den Rest morgen." Diese Formulierungen kommen Frau Wagner nur selten über die Lippen. Nach dem langen, anstrengenden Jurastudium ist sie froh, eine interessante Stelle gefunden zu haben, und jetzt „brennt" sie für ihre Arbeit. Sie ist hoch motiviert und merkt dabei gar nicht, wie sehr sie sich im Hamsterrad dreht. Wenn Sie Nein sagt, befürchtet sie, dass sie den Erwartungen der anderen nicht entspricht. Sie hat Angst, diejenige zu sein, die nicht belastbar ist, die es nicht packt. Außerdem möchte sie die Anerkennung von ihrem Chef und ihren Kollegen. Sie glaubt, bei einem Nein ernte sie Missgunst statt der ersehnten Anerkennung. Um aus dem Hamsterrad auszusteigen und damit der Burn-out-Falle zu entkommen, ist es für Frau Wagner unerlässlich, das Neinsagen zu lernen. Mit ihrem Coach vereinbart sie, dass sie sich zwei mögliche Neins herausgreift und übt, diese in ihrem Alltag umzusetzen: das teilweise Nein und das verständnisvolle Nein.*

## Frau Wagner lernt, Nein zu sagen

*Eines Nachmittags wird Frau Wagner von ihrer Kollegin gefragt, ob sie nach Büroschluss noch mit auf einen Drink und anschließend mit ins Kino kommt. Frau Wagner möchte zwar gerne mit auf einen Drink kommen, ins Kino will sie jedoch nicht. Ihre Kollegin ist einverstanden. Frau Wagners erster zarter Versuch, Nein zu sagen, war erfolgreicher, als sie vermutet hatte. Sie hat sich fest vorgenommen, bei der nächsten Gelegenheit ein weiteres Mal Nein zu sagen, wenn sie es für richtig hält. Diese lässt nicht lange auf sich warten: Ein Kollege aus der Nachbarabteilung bittet Frau Wagner um Unterstützung bei der Bearbeitung eines schwierigen und zeitaufwendigen Rechtsstreits. Frau Wagner steckt selbst mitten in einem schwierigen Fall. Sie entgegnet ihrem Kollegen, dass es ihr sehr leidtue, doch leider habe sie im Moment keine Ressourcen, um ihn zu unterstützen. Er solle doch mal Herrn Müller fragen, vielleicht könne er ihn unterstützen. Der Kollege bedankt sich und Frau Wagner staunt über sich selbst, dass sie es geschafft hat, Nein zu sagen. Sie ist sogar ein bisschen stolz auf sich. Sie nimmt sich nun vor, Nein zu sagen, wann immer sie es für richtig hält.*

### Auf den Punkt gebracht

▸ Es gibt viele verschiedene Möglichkeiten, Nein zu sagen.

▸ Mit einem Nein wächst der Respekt vor der eigenen Person und vor anderen.

▸ In jedem Nein steckt auch ein Ja – ein Ja für andere Dinge, die Ihnen das Nein ermöglicht!

▸ Nein sagen schafft Freiräume und bringt Energie für andere wichtige Dinge, z. B. für Ihre persönlichen Ziele.

▸ Nein sagen erhöht Ihre zeitlichen Ressourcen, die Sie für Ihre eigenen Interessen nutzen können.

▸ Nein sagen macht stark. Ihr Selbstvertrauen wächst.

▸ Nein sagen hilft, Grenzen zu setzen.

▸ Nein sagen hilft anderen, für sich selbst Verantwortung zu übernehmen.

▸ Die anderen machen es uns oft schwer, Nein zu sagen.

▸ Verbindlich Nein zu sagen ist ein wichtiger Schritt, nicht in die Burn-out-Falle zu geraten.

▸ Ein Nein anderer müssen wir annehmen und respektieren.

▸ Wenn Sie Nein sagen und dieses Nein erklären wollen, bleiben Sie bei der Wahrheit. So vermeiden Sie es, andere zu kränken.

▸ Nein sagen kann ein Risiko sein: Machen Sie sich Gedanken über die Konsequenzen und wägen Sie ab, ob Sie das Risiko eingehen wollen oder nicht.

# Zeitmanagement

*„Man verliert die meiste Zeit damit,*
*dass man Zeit gewinnen will." (John Steinbeck)*

*„Achte gut auf diesen Tag, denn er ist das Leben. Das Leben*
*allen Lebens. In seinem kurzen Ablauf liegt alle Wirklichkeit*
*und Wahrheit des Daseins; die Wonne des Wachsens,*
*die Größe der Tat. Denn das Gestern ist nichts als ein Traum*
*und das Morgen nur eine Vision. Das Heute jedoch recht*
*gelebt, macht jedes Gestern zu einem Traum voller Glück*
*und jedes Morgen zu einer Vision voller Hoffnung.*
*Darum achte gut auf diesen Tag."*
*(Sanskritspruch, 7. Jh. v. Chr.)*

Der Begriff „Zeitmanagement" ist, wenn man es genau betrachtet, in sich widersprüchlich und unlogisch. „Tempus fugit" – „Die Zeit vergeht" – und zwar unabhängig von unserem Tun. Die Zeit an sich können wir auch nicht wirklich managen, anhalten, beschleunigen oder beeinflussen. Wir können lediglich den Umgang mit dieser Zeit handhaben bzw. gestalten und damit ist Zeitmanagement auch immer ein Management von uns selbst, unseren Aufgaben, Bedürfnissen und unserem Leben.

## Zeitmanagement

*„Zeitmanagement" bedeutet systematisches und diszipliniertes Planen der eigenen Zeit, um auf diese Weise Zeit zu sparen, sodass mehr Zeit für die wichtigen Dinge im Beruf und in der Freizeit bleibt.*

Das Mehr an verfügbarer Zeit sollte aber nicht dazu führen, dass mehr Zeit für Arbeit freigemacht wird. Manchen Managern schwebt das vor, aus diesem Grund schicken sie ihre Mitarbeiter auf einschlägige Seminare. Vielmehr sollte Zeitmanagement mehr Zeit für Vorhaben schaffen, die einem selbst wichtig sind. Es sollte daher letztlich mehr Zeit für Erholung und für Möglichkeiten, neue Energie zu tanken, freimachen. Zeitmanagement hilft Ihnen also nicht nur dabei, Zeit zu sparen, sondern auch, sich auf die wesentlichen Dinge zu konzentrieren, was letztlich zu einem zufriedeneren Leben führt.

Zeitmanagement – das bedeutet auch zieldienlicher Umgang mit einem herkömmlichen Kalender oder mit einer elektronischen Uhr. Das beherrschen die meisten Menschen recht gut; einige besuchen extra Seminare, um erfolgreich die Technik der elektronischen Zeitplanung zu erlernen – mit dem Ergebnis, dass der Terminkalender prall gefüllt ist; ein Termin jagt den anderen. Morgens bringen wir unsere Kinder in den Kindergarten, zur Tagesmutter oder in die Schule, dann geht's ab ins Büro zur Arbeit. Jetzt sind die Termine ganz eng getaktet: hier eine Besprechung, dort ein Meeting, dazwischen eine Telefonkonferenz und anschließend ein Kundenbesuch. Am Ende des Tages heißt es wieder: Kinder abholen, nach Hause fahren und – je nach Alter der Kinder – Hausaufgaben beaufsichtigen, Abendessen vorbereiten, Kinder ins Bett bringen, Geschichten vorlesen … Und „das bisschen Haushalt" machen wir so zwischendurch. Im besten Fall bleibt noch Zeit für Fernsehen oder für ein Gespräch mit unserem Partner. Todmüde fallen wir ins Bett.

Im Folgenden legen wir den Fokus auf die notwendigen Pausen und nicht auf das persönliche Management der Termine. Wir gönnen uns zu wenig Zeit zum Durchschnaufen!

## Pausen bewusst planen

### Pause

*Pause, so vermerkt das Wörterbuch der deutschen Sprache, bedeutet Innehalten und ist eine kürzere Unterbrechung einer Tätigkeit, die der Erholung und Regenerierung dient. Man kann sie auch als eine zeitliche Unterbrechung eines Vorgangs bzw. einer Tätigkeit beschreiben.*

Leistungssportler wie Nils Schumann (Olympiasieger über 800 Meter in Sydney, 2000) planen ihre Pausen bewusst in ihren Trainingsalltag ein. Der Körper braucht Zeit zur Regeneration. Das physiologische Gleichgewicht muss nach einer Belastung wiederhergestellt werden. Selbst ein Louis van Gaal, Erfolgstrainer des FC Bayern München, hat seinen Spielern nach dem Pokalsieg gegen Werder Bremen in Berlin einen Tag frei gegeben, um für das Champions-League-Finale 2010 gegen Inter Mailand in Madrid wieder Kräfte mobilisieren zu können und fit für eine neue, große Herausforderung zu sein. Selbst in der Bibel lesen wir: Am siebten Tage sollst du ruhen! Was machen wir? Wir haben auch am Wochenende einen vollen Terminkalender. Und selten sind es Termine, bei denen wir Kraft schöpfen.

Aus der Lernpsychologie ist bekannt, dass man nach 50 Minuten Arbeit eine kurze Pause einlegen soll. Und spätestens nach 90 Minuten eine längere Pause von ca. zehn Minuten, um konzentriert weiterarbeiten zu können. Das dient dazu, die Qualität unserer Arbeit zu gewährleisten und zu halten. In der Schule gibt es maximal eine Doppelstunde Unterricht, gefolgt von einer großen Pause. Und das nicht ohne Grund. Selbst an der Universität gehören Pausen zwischen den Vorlesungen zum festen Bestandteil des Tages. Auch im Arbeitsrecht sind Pausen fest verankert.

> **!** Um einem Burn-out vorzubeugen, ist es unerlässlich, bewusst Pausen in unseren Alltag zu integrieren, um unsere innere Ruhe wiederzufinden. Danach sind wir wieder in der Lage, uns auf Neues einzulassen.

*„Auch das größte Problem dieser Welt hätte gelöst werden
können, solange es noch klein war." (Laotse)*

## Wie können wir Pausen in unseren Alltag integrieren?

Eine Pause sollte fester Bestandteil einer Arbeitsphase sein. Wie schaffen wir das? Beginnen wir einmal mit der Integration von kleinen Pausen und bauen diese bewusst in unseren Alltag ein.

▸ **Eine Wasser-Pause**

Pro Stunde sollten wir ein Glas Wasser trinken, das sind ungefähr 125 Milliliter.

Stellen Sie sich eine Flasche Wasser auf Ihren Schreibtisch oder an Ihren Arbeitsplatz und trinken Sie stündlich ein Glas. Wenn Sie in einer Stresssituation sind oder wenn Sie sich zum Beispiel über einen Anruf geärgert haben und kurzfristig Ihren Ärger besänftigen wollen, dann trinken Sie ein Glas kaltes Wasser. Somit bleiben Sie in dieser Situation handlungsfähig. Der Kältereiz macht munter und beim Schlucken und Verdauen wird der Parasympathikus stimuliert.

### Parasympathikus

*Der Parasympathikus gehört zum vegetativen Nervensystem. Er ist der Gegenspieler des Sympathikus und für Regeneration und Erholung zuständig.*

▸ **Eine süße Pause**

Essen Sie ein kleines Stück Schokolade, ein Stück Obst oder einen Joghurt. Der Zucker bzw. Fruchtzucker füllt den Blutzuckerspiegel auf und gibt wieder neue Energie. Achtung: Nicht zu viel!

▸ **Eine Atem-Pause**

Legen Sie Ihre Hände auf den Bauch und atmen Sie tief ein und aus. Konzentrieren Sie sich auf Ihre Ausatmung. Auch beim Ausatmen wird der Parasympathikus stimuliert.

▸ **Eine Aussichts-Pause**

Schauen Sie immer mal wieder bewusst aus dem Fenster. Lenken Sie Ihre Wahrnehmung nach draußen. Scheint die Sonne, regnet es? Windet es draußen? Nehmen Sie die raschelnden Blätter der Bäume wahr. Welche Geräusche dringen an Ihr Ohr? Hören Sie Vogelgezwitscher? Nehmen Sie bewusst Geräusche der Straße wahr. Fährt ein Bus, ein Lkw oder ein Pkw vorbei? Gibt es Unterschiede?

Der Sinn dieser Übung ist, die Wahrnehmung auf etwas anderes zu lenken, um eine kurze Auszeit zu bekommen.

▸ **Eine Gute–Laune-Pause**

*„Der kürzeste Weg zwischen zwei Menschen ist ein Lächeln.“*
*(Chinesische Weisheit)*

Vielleicht geht es Ihnen auch so: Unter Ihren Kollegen gibt es welche, die verbreiten so richtig gute Laune. Immer wenn Sie zusammen sind und gemeinsam plaudern, vergessen Sie für kurze Zeit Ihre Probleme. Gute Laune steckt an. Lachen Sie einmal herzhaft mit Ihren Kollegen. Das stärkt nicht nur den Teamgeist, sondern baut auch Überlastungsreaktionen ab.

**Humor ist, wenn man trotzdem lacht**

▸ **Lachen** Sie eine Minute! Damit tun Sie Ihrem Körper genau so viel Gutes wie bei einer 45-minütigen Entspannung.

▸ **Humor** hilft, Angst und Stress abzubauen. Beim Lachen werden Endorphine freigesetzt, die sich positiv auf unser Wohlbefinden auswirken.

- **Humor** hilft dabei, verfahrene Situationen zu entkrampfen und einen neuen Zugang zueinander zu finden.

- **Humor** hilft gegen das Ich-bin-der-Nabel-der-Welt-Syndrom!

- **Humor** steigert die Kreativität und die Effizienz und hilft, Lösungsansätze zu finden.

- **Humor** verscheucht Perfektionismus und ermöglicht, ohne Gesichtsverlust die eigenen Grenzen und Fehler zu akzeptieren (lustvoll Scheitern ist ein klassisches Clown-Motto).

(Untersuchungen des britischen Psychotherapeuten Robert Holden, A. Wagner-Link: Lustvoll Arbeiten)

- **Eine Handy-Pause**

Gönnen Sie sich eine Handy-Pause. Schalten Sie einmal bewusst Ihr Handy aus!

- **Eine Zwangspause**

Wenn wir die Signale unseres Körpers nicht beachten, dann „verordnet" uns unser Körper eine Zwangspause. Wer ständig über Kopfschmerzen, Schlaflosigkeit oder Rückenprobleme klagt, der sollte sich einmal fragen, was ihm diese Beschwerden sagen wollen. Über Rückenbeschwerden, so berichten Mediziner, klagen besonders Menschen, die ständig überlastet sind. „Ich kann das nicht mehr ertragen", so sagt es der Volksmund. Und bei häufigen Kopfschmerzen: „Ich halte das im Kopf nicht aus."

> Hören Sie auf die Signale Ihres Körpers! Legen Sie rechtzeitig Pausen ein, bevor Sie Ihr Körper zu einer Pause zwingt.

## Powernapping oder Managerschlaf

Mit Powernapping bzw. Managerschlaf ist ein Kraftnickerchen oder auch Energieschlaf gemeint.

„Der Mittagsschlaf entspricht einem natürlichen Bedürfnis", so Prof. Jürgen Zulley, Leiter der Deutschen Akademie für Gesundheit und Schlaf.

Robert Stickgold von der Harvarduniversität fand heraus: Powernapping verhindert Burn-out! In einem Testprogramm wurden Probanden extremen Stresssituationen ausgesetzt, was zur Folge hatte, dass sie erste Anzeichen eines Burn-outs zeigten. Wurde einem Teil der Probanden nach der Hälfte des Tests ein kurzer Schlaf gewährt, kam es bei ihnen zu keiner weiteren Verschlechterung der Ergebnisse. Robert Stickgold geht davon aus, dass das neurale Netzwerk in der Sehrinde des Gehirns durch wiederholte Tests stufenweise mit Informationen übersättigt wird, also einem Stressor ausgesetzt ist, sodass dieses Areal von einer Weiterverarbeitung der Wahrnehmung abgehalten wird. Es wird vermutet, dass die von einem Burn-out Betroffenen Informationen nicht zeitnah verarbeiten und abspeichern.

Ein kurzes Powernapping oder ein Mittagsschlaf steigert nicht nur die Leistungsbereitschaft, sondern auch die körperliche und geistige Befindlichkeit. Allerdings, so der Rat von Professor Zulley, sollte der Kurzschlaf maximal zehn

Minuten dauern, um sich anschließend erfrischt zu fühlen. Wichtig beim Powernapping ist vor allem das kurze Wegnicken in die sogenannte REM-Phase, keinesfalls aber die Tiefschlafphase!

> Das Kraftnickerchen können Sie sowohl im Liegen als auch im Sitzen machen. Um diese empfohlenen zehn Minuten nicht zu verschlafen, nehmen Sie ein Schlüsselbund in die Hand: Somit können Sie davon ausgehen, dass Sie aufwachen, wenn er Ihnen aus der Hand fällt.

### REM-Phase

*REM-Phase, Abkürzung für engl. rapid eye movements, „schnelle Augenbewegungen": Eine Schlafphase, die durch schnelle Augenbewegungen gekennzeichnet ist. In dieser Phase finden die meisten Träume statt.*

## Moment of Excellence

Moment of Excellence, zu Deutsch „vollendeter Augenblick", bezeichnet eine Technik, durch die ein als ausgezeichnet erlebter Moment erreicht werden soll: ein Höchstzustand, eine Situation, in der viele Ressourcen vorhanden sind und in welcher der Betroffene in hervorragender Verfassung und im Vollbesitz seiner Kräfte oder einfach nur gut drauf ist. Beispiele können Erlebnisse von Freude, Kreativität oder Energie sein oder Zustände, in denen eine Person sich kraftvoll, mutig, erfolgreich und rundum glücklich fühlt. Der vollendete Augenblick ist immer mit einem positiven Selbstwert und mit einer positiven Vorstellung über die eigene Identität verbunden. Das Ziel ist es, im Alltag genau jene Ressourcen zur Verfügung zu haben, die unserem persönlichen vollendeten Augenblick entsprechen.

> **!** Die folgende Übung sollten Sie zu Hause einüben, um sie dann in den täglichen Alltag zu integrieren.

### Übung: Moment of Excellence

*Nehmen Sie sich ca. zehn Minuten Zeit. Sorgen Sie dafür, dass Sie nicht gestört werden. Setzen Sie sich bequem hin, atmen Sie ein paarmal tief ein und aus. Freuen Sie sich einmal, Zeit für sich selbst zu haben. Schließen Sie Ihre Augen, damit Sie sich besser auf sich selbst konzentrieren können.*

▸ *Jetzt erinnern Sie sich an einen besonders schönen, glücklichen und erfolgreichen Augenblick in Ihrem Leben, in dem Sie sich so richtig wohl gefühlt haben, den Sie genossen haben. Es kann sein, dass dieser Augenblick schon lange zurückliegt – in Ihrer Kindheit – oder er liegt in der jüngeren Vergangenheit. Falls mehrere Situationen auftauchen, suchen Sie sich die schönste heraus.*

▸ *Jetzt schauen Sie sich die Bilder vor Ihrem inneren Auge an.*

▸ *Wie sieht die Umgebung aus? Welche Farben und Formen sehen Sie? Gibt es Licht und Schatten?*

▸ *Wie sehen die Menschen aus, die in dieser Situation bei Ihnen waren? Welchen Gesichtsausdruck haben sie? Was haben sie an? Welche Körperhaltung?*

▸ *Was war zu hören? Welche Töne und Klänge?*

▸ *Wie hat es damals geduftet, was haben Sie gerochen? Welchen Geschmack verbinden Sie mit dieser Situation?*

▸ *Welche Gefühle hatten Sie? Wo spüren Sie diese Gefühle jetzt in Ihrem Körper?*

▸ *Wenn Ihre Eindrücke ganz groß sind, verankern Sie diese Situation, indem Sie Zeigefinger und Daumen aufeinanderpressen.*

▸ *Öffnen Sie jetzt wieder Ihre Augen.*

▸ *Überprüfen Sie Ihren Anker, indem Sie Ihren Zeigefinger und Daumen zusammenpressen, um zu sehen, ob die eben verankerte Situation in Ihren Gedanken entsteht.*

*Diesen Anker können Sie nun, so oft Sie wollen, aktivieren.*

## Frau Wagner träumt von ihrem Urlaub auf Mallorca

*Frau Wagners hatte ihren vollendeten Augenblick auf Mallorca. Sie saß auf einem Felsen und sah aufs Meer hinaus. Die Sonne schien, der Himmel war hellblau. Es duftete nach Lavendel. Sie fühlte sich eins mit der Natur. Es war so, als würde sie die Kraft der Sonne in sich aufnehmen. Das gleichmäßige Kommen und Gehen der Wellen beruhigte sie. Sie fühlte sich kraftvoll und stark. Diesen Augenblick verankerte Frau Wagner. Eine Gelegenheit, das Gelernte anzuwenden, kam schneller, als sie dachte. Sie wurde vom ihrem schlecht gelaunten Chef ins Büro gebeten. Als er gerade begann, sie klein zu machen, aktivierte sie ihren Anker. Sie spürte diesen kraftvollen Augenblick wieder und die Worte prallten wie durch ein Schutzschild von ihr ab. Das half ihr, ruhig und handlungsfähig zu bleiben.*

# Pausen und Aktivitäten

Einmal pro Woche sollten Sie ein größeres Zeitfenster für sich reservieren. Besonders schön ist es, wenn Sie diese Zeit mit anderen gemeinsam verbringen. Gehen Sie ins Kino, in die Oper, ins Konzert, zum Essen, in den Biergarten, zum Laufen. Verabreden Sie sich zum gemeinsamen Radfahren, zum Tennis- oder Golfspielen. Oder planen Sie Zeit fürs Nichtstun ein.

Wichtig ist nur, dass Sie sich auf diesen Termin freuen, ihn selbst wollen und diesen wie einen beruflich wichtigen Termin behandeln. Nur wenn Sie Abwechslung vom Alltag und vom täglichen Stress haben, können Sie Ihre Tanks wieder mit Energie füllen. Lassen Sie keine Ausreden zu wie: „Heute bin ich viel zu kaputt", oder: „Ich habe (mal wieder) keine Lust, mit euch ins Kino zu gehen." Denn hinterher sind Sie froh, dass Sie sich die Zeit genommen haben.

Um nicht in die Burn-out-Falle zu geraten, ist eine gute Verteilung zwischen Belastung und Freizeit nötig. Dabei ist es wichtig ist, dass Sie Ihre Zeit frei gestalten können. Entrümpeln Sie Ihr Wochenende von zu vielen Pflichtterminen. Gönnen Sie sich Zeit für sich, für Ihre Bedürfnisse. Planen Sie einen völlig freien Tag in der Woche ein!

### Frau Wagner plant ihre Pausen bewusst ein

*Frau Wagner stellt sich ihr Handy, das nach 90 Minuten zur Pause klingelt. Am besten gefällt ihr die Gute-Laune-Pause. Sie hat eine Kollegin, mit der sie herzhaft lachen kann. Das wirkt Wunder!*

## Auf den Punkt gebracht

▶ Machen Sie es wie die Profis: Planen Sie bewusst kleine und große Pausen in Ihren Alltag ein.

▶ Achten Sie auf die Signale Ihres Körpers. Wenn Sie das nicht tun, wird Ihnen Ihr Körper eine Zwangspause verordnen.

▶ Planen Sie nach spätestens 90 Minuten eine Pause von zehn Minuten ein. Stellen Sie diese Zeit, wenn möglich, in Ihrem Handy oder in Ihrem Outlook ein.

▶ Trinken Sie einen Kaffee, gehen Sie um den Block oder besuchen Sie nette Kollegen. Atmen Sie tief durch. Das erhöht Ihre Konzentration und die Qualität Ihrer Arbeit.

▶ Planen Sie ebenso Aktivitäten in Ihre Freizeit ein, die Ihnen Spaß machen und Ihre Energietanks wieder auffüllen. Nur Abwechslung vom Alltag und eingehaltene Pausen füllen dauerhaft Ihre Energiereserven wieder auf. Sie können sich regenerieren und zu neuen Taten schreiten.

▶ Ein Schlüssel, um nicht in die Burn-out-Falle zu geraten, ist eine gute Verteilung zwischen Belastungen und Freizeit.

▶ Entrümpeln Sie Ihr Wochenende von Pflichtterminen.

▶ Planen Sie einen völlig freien Tag in der Woche ein.

▶ Gönnen Sie sich ein Kraftnickerchen im Büro und/oder am Wochenende!

# Persönlicher Jour fixe

*„Wer keinen Sinn im Leben sieht, ist nicht nur unglücklich,*
*sondern kaum lebensfähig." (Albert Einstein)*

„Jour fixe" kommt aus dem Französischen und wird im beruflichen Kontext für einen vereinbarten, regelmäßigen Termin verwendet und setzt eine persönliche Präsenz voraus. Dieser Termin ist fester Bestandteil im Terminkalender und sollte nicht durch andere Termine ersetzt werden. Diesen fest vereinbarten, regelmäßigen Termin können Sie auch mit sich selbst machen:

▶ Vereinbaren Sie einen Jour fixe mit sich selbst – z. B. einmal pro Quartal. Tragen Sie dafür Sorge, dass Sie diesen Termin auch einhalten und er nicht von anderen Terminen überlagert wird.

An diesem Jour fixe stellen Sie sich folgende Fragen:

▶ Welche Ziele verfolge ich gerade?

▶ Entsprechen meine Ziele meiner Persönlichkeit?

▶ Bin ich auf dem richtigen Weg?

▶ Bin ich im Moment die richtige Person am richtigen Ort?

▶ Wie sieht mein momentanes persönliches Gleichgewicht aus? Halten sich Arbeit und Freizeit die Balance?

▶ Habe ich genügend Zeit für meine Familie, meine sozialen Kontakte, meine Hobbys?

▶ Ist die Balance zwischen Alleinsein und In-Gesellschaft-Sein ausgeglichen?

▸ Was bedeutet für mich persönlich Erfolg und welchen Preis bin ich bereit dafür zu zahlen?

▸ Gibt es etwas, wonach ich mich sehne?

▸ Was belastet mich im Moment?

▸ Führe ich ein sinnvolles Leben?

▸ Was ist mir wirklich wichtig in meinem Leben?

*„Nur wer sich ändert, bleibt sich treu!"*
*(Wolf Biermann, Liedermacher)*

**!** Um einem Burn-out erfolgreich vorzubeugen bzw. um der Burn-out-Falle erfolgreich zu entkommen, ist es wichtig, immer mal wieder innezuhalten, um über die wichtigen Dinge im Leben nachzudenken. Sich selbst die Frage zu stellen und zu beantworten: Was ist wirklich wichtig in meinem Leben?

### Frau Wagners persönlicher Jour fixe

*Bei ihrem persönlichen Jour fixe wird Frau Wagner bewusst, dass ein Ungleichgewicht zwischen ihrer Freizeit und ihrer Arbeit herrscht. Auf der einen Seite bezieht Frau Wagner ihre Energie größtenteils aus der Arbeit, auf der anderen Seite dominiert diese ihr Leben. Bei der Frage, was ihr wirklich wichtig in ihrem Leben ist, spürt sie, wie sie innerlich zusammenzuckt. Ihr Lebensgefährte und ihre Familie sowie ihre sozialen Kontakte in Köln fehlen ihr sehr. Sie merkt, dass ihr ihre Karriere zum einen zwar wichtig ist, zum anderen aber der Preis dafür zu hoch ist. Mit ihrem Coach arbeitet sie eine Lösungsstrategie aus, die sie am Ende zurück* nach Köln führen wird. Der erste Schritt ist, einen Tag in der Woche bereits um 17.00 Uhr das Büro zu verlassen. Zu Hause soll sie sich erst einmal zehn Minuten Zeit für sich gönnen, um beispielsweise Zeitung zu lesen.

Nach einer Woche stellt sie fest, dass ihr frühes Arbeitsende nur von wenigen bemerkt wurde. Nach einiger Zeit wird sie von ihrem Chef darauf angesprochen. Er finde es gut, dass sie früher geht, ansonsten hätte er ihr Grenzen setzen müssen. Somit sind die ersten Schritte getan. Dieses Ritual spielt sich ein und sie fühlt sich zusehends wohler.

### Weniger ist manchmal mehr!

Oliver Kahn (Torhüter beim FC Bayern München und bei der deutschen Fußballnationalmannschaft) sagt in einem Interview der Süddeutschen Zeitung: „Ich habe viele Jahre trainiert bis zum Abwinken. Irgendwann hab ich gemerkt: Das funktioniert nicht mehr. Wo willst du das noch hinsteigern? Also hab ich eine Weile nur noch die Hälfte trainiert. Mir ging's super dabei – und ich wurde kein bisschen schlechter."

(Quelle: Süddeutsche Zeitung vom 03.04.2010, Interview von M. Kielbassa und C. Kneer.)

▸ In welchem Bereich haben Sie „bis zum Abwinken trainiert"? Wo gibt es bei Ihnen Möglichkeiten, eine Zeit lang nur noch die Hälfte zu „trainieren", das heißt, nur die Hälfte an Energie und Kraft zu investieren, um Ihre Tanks wieder aufzufüllen? Ihre Leistung bleibt die gleiche und Sie fühlen sich super.

▸ Wo genau ist es sinnvoll, einen persönlichen Stopp einzuplanen?

▸ Was genau werden Sie ab heute anders machen?

▸ Wie sieht der erste Schritt dazu aus?

▸ Was machen Sie mit der gewonnenen Zeit?

▸ Wen werden Sie in Ihre Pläne einweihen? Mit wem sollten Sie Ihr verändertes Verhalten absprechen? Wen sollten Sie informieren?

▸ Wie lange wollen Sie diese Veränderung durchhalten?

▸ Woran werden Sie Ihren persönlichen Erfolg erkennen?

▸ Nehmen Sie sich einen Augenblick Zeit und lassen Sie Ihren Alltag Revue passieren. Wo können Sie bei einem geringeren Einsatz die gleiche Leistung bringen?

▸ Halten Sie Ihren Stopp schriftlich fest.

# Selbstwert, Anerkennung und Lob

Das Bedürfnis nach Selbstwert und Anerkennung ist in uns allen ganz tief verankert. Wie viele Tätigkeiten und Aktionen machen wir aus diesem Motiv heraus? Was veranstalten wir nicht alles, um anderen zu gefallen, um bei anderen anerkannt zu sein und damit unser eigenes Selbstwertgefühl zu steigern?

Häufig zweifeln wir an uns, unserer Leistung und unserem Selbstwert. Wir machen uns von anderen abhängig. Wir übernehmen eine Aufgabe nach der anderen, um die Anerkennung unseres Chefs und unserer Kollegen zu bekommen. Dabei merken wir gar nicht, dass wir uns viel zu viel aufhalsen und dabei bald überfordert sind und uns die Dinge dann über den Kopf wachsen. Und so langsam – manchmal aber auch sehr schnell – erkennen wir bei uns die ersten Symptome eines Burn-outs. Unsere Gutmütigkeit wird von anderen als angenehm erlebt und sie macht uns natürlich auch bei unseren Mitmenschen beliebt. Allerdings birgt sie auch die Gefahr, dass diese durchaus positive Eigenschaft ausgenutzt wird und damit unsere Absicht, Anerkennung zu bekommen, erneut nicht erfüllt wird. Für unser Selbstwertgefühl sind wir selbst verantwortlich. Keiner kann uns kleinmachen, wenn wir es nicht zulassen.

Eine gute Möglichkeit, einem Burn-out vorzubeugen, ist, sein eigenes Selbstwertgefühl zu stärken und sich und seine Leistung selbst anzuerkennen. Je größer unser Selbstwertgefühl ist, desto optimistischer und positiver gleiten wir durch unser Leben!

*„Du sollst deinen Nächsten lieben wie dich selbst!"*
*(Matthäus 22–40)*

Dieses Bibelzitat besagt zum einen, dass wir unseren Nächsten lieben sollen, es besagt aber auch, dass wir uns selbst lieben und annehmen sollen, so wie wir sind.

Selbst die Werbung hat die Wichtigkeit des Selbstwerts erkannt: „… weil ich es mir wert bin …" Doch was heißt „Ich bin es mir wert"?

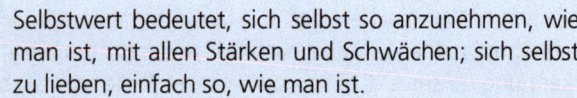

Selbstwert bedeutet, sich selbst so anzunehmen, wie man ist, mit allen Stärken und Schwächen; sich selbst zu lieben, einfach so, wie man ist.

## So steigern Sie Ihren Selbstwert

Im Folgenden erhalten Sie einige Tipps, wie Sie Ihren Selbstwert steigern können.

### Mein Erfolgsbuch

*„Eigenlob stimmt!"*
*(Sabine Asgodom, Autorin und Coach)*

▸ Besorgen Sie sich ein schönes Heft/ein Buch, in das Sie etwas hineinschreiben können. Nennen Sie es „Erfolgsbuch".

▸ Nehmen Sie sich einen Augenblick Zeit und überlegen Sie einmal, was andere an Ihnen liebenswert finden, was andere an Ihnen schätzen. Machen Sie ein Brainstorming.

▸ Notieren Sie alles, was Ihnen einfällt. Die Reihenfolge ist völlig egal. Vielleicht fällt Ihnen nicht sofort etwas ein, dann überlegen Sie, was andere mal im Gespräch oder auch direkt zu Ihnen gesagt haben. Doch oft weiß man auch ohne Worte, was die anderen über einen denken. Wichtig ist, dass Sie bei Ihren Vorzügen bleiben. Das können Dinge sein wie: Andere schätzen an mir meine Zuverlässigkeit, meine guten Ideen, meine optimistische Ausstrahlung, meine Art, die Dinge voranzutreiben, etc.

▸ Wenn Sie alles aufgeschrieben haben, was andere über Sie denken, dann gehen Sie in sich und überlegen: Was sind meine Stärken, was kann ich gut, was finde ich selbst an mir liebenswert?

▸ Schauen Sie sich jetzt die Vorzüge, wie andere über Sie denken, an und prüfen Sie, ob es Parallelen zu Ihren selbst gefundenen Stärken gibt. Vermerken Sie diese. Schreiben Sie diese nochmals separat auf.

▸ Fragen Sie eine Ihnen nahestehende Person, was sie an Ihnen schätzt, welche Stärken Sie haben. Erzählen Sie Ihr vorher, was der Hintergrund Ihrer Frage ist. Und erwähnen Sie, dass Sie natürlich auch bereit sind, ein Feedback zu geben, falls die befragte Person das wünscht. Notieren Sie das ebenfalls in Ihr Erfolgsbuch.

▸ Wenn Sie das aufgeschrieben haben, lesen Sie sich das Geschriebene immer wieder durch. Sie kennen wahrscheinlich den Spruch: „Nichts macht erfolgreicher als Erfolg!" Beim Durchlesen werden Ihre Stärken und alles

Liebenswerte an Ihnen in Ihrem Unterbewusstsein gespeichert.

## Beispiele für Ihr Erfolgsbuch

▸ *Ich kann gut mit Menschen umgehen.*

▸ *Ich habe eine positive Ausstrahlung und gewinne damit viele neue Kunden, sodass der Umsatz um die Summe X gesteigert werden kann.*

▸ *Ich bin sehr zuverlässig und engagiert.*

▸ *Meine Kompetenzen sind …*

▸ *Ich bringe mein Team zum Lachen.*

▸ *Ich kann komplexe Sachverhalte einfach darstellen.*

▸ *Ich kann gut kochen.*

## Mein Erfolgsbuch – Teil 2

> *„Worauf wir unsere Aufmerksamkeit richten, dahin fließt die Energie und es zeigen sich Ergebnisse."*
> (T. Harv Erker)

Lenken Sie Ihre Aufmerksamkeit auf Ihren Erfolg. Schreiben Sie täglich Ihre Erfolge in Ihr Erfolgsbuch. Notieren Sie im Lauf des Tages oder abends alles, was Ihnen gut gelungen ist. Es sollten fünf bis zehn Dinge sein. Stellen Sie sich dazu folgende Fragen:

▸ Was habe ich heute gut gemacht?

▸ Welchen kleinen oder und großen Erfolg habe ich heute zu verzeichnen?

▸ Über welches Kompliment habe ich mich besonders gefreut?

▸ Wen konnte ich unterstützen?

▸ Welche Worte von mir haben andere aufgebaut?

▸ Wem habe ich zugehört?

▸ Was hat mich heute erfreut?

▸ Mit wem habe ich heute gelacht?

Sie müssen keinen Roman schreiben. Es genügt, wenn Sie sich Stichworte und kurze Sätze notieren. Führen Sie dieses Erfolgsbuch mindestens eineinhalb Monate lang. Sie werden erstaunt sein, wie sich Ihr Selbstwertgefühl verändert und stabilisiert. Nach ca. drei bis vier Wochen werden Sie eine erstaunliche Erfahrung machen: Sie werden morgens aufstehen und überlegen, was Sie heute alles in Ihr Buch schreiben werden. Das heißt, Ihre Aufmerksamkeit und damit Ihre Konzentration richten sich auf Ihre Erfolge, die Sie jetzt bewusst wahrnehmen und damit auch anziehen. Sie strahlen mehr Selbstbewusstsein aus. Das lässt Sie auch für andere erfolgreicher erscheinen, was wiederum Ihr Selbstwertgefühl erhöht. Diese Übung ist nicht nur sehr effektiv, sondern macht auch richtig viel Spaß.

## Lob und Stärken

Wenn Sie sich in einer besonderen Phase Ihres Lebens befinden, in der Sie viele Ressourcen brauchen, kann es sehr hilfreich sein, eine nahestehende Person zu bitten, Ihnen täglich zu sagen, wo Ihre persönlichen Stärken und

Vorzüge liegen. Das baut Sie wieder auf und wirkt wie ein Schutzschild gegen Burn-out.

> Ist unser Selbstwertgefühl gering, überschreiten wir immer häufiger unsere Grenzen, opfern uns für andere auf, fühlen uns ausgenutzt und nicht wertgeschätzt. Daher sind Anerkennung und Wertschätzung wie ein Schutzschild gegen Burn-out.

Es ist gar nicht entscheidend, ob wir uns selbst loben oder ob andere das tun. Unser Unterbewusstsein kann das nicht unterscheiden. Wir bewerten nur das Lob und die Anerkennung von anderen höher als das eigene Lob. Deshalb stuft unser Unterbewusstsein ein fremdes Lob höher ein als das eigene. Sabine Asgodom schreibt in ihrem Buch „Eigenlob stimmt", dass es für das persönliche Weiterkommen und für die Karriere unerlässlich ist, sich seines eigenen Wertes bewusst zu werden. Besinnen Sie sich also auf Ihr Eigenlob!

## Lob hat Auswirkungen auf unseren Hormonhaushalt

Mediziner haben festgestellt, dass wir biologisch von Zuwendung, Anerkennung und Lob abhängig sind. Wenn wir unser Ziel erreicht haben und gelobt werden bzw. Anerkennung erfahren, schüttet unser Gehirn Dopamin, das sogenannte „Glückshormon", aus. Dadurch wird unser Motivationssystem aktiviert und wir freuen uns über unsere gute Leistung. Unsere Akkus werden aufgefüllt, sodass wir wieder neue Energie haben.

> Wenn Sie gelobt werden wollen, dann loben Sie auch andere und deren Leistung! **▪**

▸ Gönnen Sie sich mindestens einmal pro Tag etwas. Sei es Zeit für sich selbst oder für eine Plauderei mit anderen, eine Tasse Cappuccino mit der Zeitungslektüre oder einen Spaziergang in der Sonne, ein Telefonat mit jemandem oder wenn Sie gerne kochen, dann kochen Sie sich etwas … seien Sie erfinderisch!

▸ Einmal pro Woche sollten Sie etwas Zeit für sich reservieren. Gehen Sie mit Freunden ins Kino, in die Oper, ins Konzert, zum Essen, in den Biergarten, zum Laufen oder machen Sie einen gemeinsamen Saunabesuch. Verabreden Sie sich zum gemeinsamen Fahrradfahren, zum Tennis- oder Golfspielen oder zum Wandern. Oder planen Sie Zeit für Nichtstun ein. Freuen Sie sich auf diesen Termin und halten Sie ihn unbedingt ein!

### *Frau Wagner baut ihren Selbstwert auf*

*Frau Wagner empfand die Anfangszeit in Hamburg als sehr anstrengend. Alles war neu: die Kollegen, die Stadt, die beruflichen Aufgaben, die Verantwortung. Sie zweifelte häufig an sich. Täglich telefonierte sie mit einer sehr vertrauten Freundin in Köln. Eines Tages bat Frau Wagner sie, ihr in jedem Gespräch ihre Stärken zu sagen. Es dauerte einige Zeit, bis sie merkte, dass sie sich auf die Telefonate auch deshalb freute, weil sie sich dadurch ihrer Stärken immer bewusster wurde. Sie erstellte ihr eigenes „Stärkenprofil", was in dieser Phase sehr hilfreich war.*

Seien Sie darauf vorbereitet, dass andere neidisch sein könnten auf Ihren Erfolg. Vielleicht kennen Sie die Sprichwörter: „Mitleid wird einem geschenkt, Neid muss man sich hart erarbeiten", oder: „Neid ist die reinste Form der Anerkennung." Freuen Sie sich über Ihren Erfolg. Genießen Sie ihn!

## Schuld und Macht

Manche Menschen sind wahre Meister im Schuldspiel. Schuld sind immer die anderen: die Wirtschaft, die Regierung, die Reichen, die Armen, die in der anderen Abteilung oder auch: „Es ist alles meine Schuld."

> ▸ Wer die Schuld hat, hat die Macht!
>
> ▸ Mit der Schuld wandert die Macht!

Auf den ersten Blick entlasten uns Schuldzuweisungen, wir fühlen uns freier. Anderen die Schuld für etwas zu geben heißt auch, anderen Macht zu geben. Wer anderen die Schuld an der eigenen Situation zuweist, gibt die Macht ab, sein eigenes Leben selbst zu gestalten, und macht sich somit selbst ohnmächtig! Um einem Burn-out erfolgreich vorzubeugen bzw. aus der Burn-out-Falle zu entkommen, behalten Sie die Macht und damit die Verantwortung bei sich selbst!

> Behalten Sie selbst die Macht über Ihr Leben! Wenn Sie Schuld haben, dann haben Sie auch die Macht und die Verantwortung, Dinge selbst zu ändern.

„Leiden ist leichter als lösen." Dieser Ausspruch ist heute aktueller denn je. Wie häufig vergehen wir vor Selbstmitleid und verfallen in die Opferrolle. Das ist kurzfristig gesehen natürlich leichter, langfristig gesehen ist es schon die erste Stufe eines Burn-outs!

### *Frau Wagner wird aktiv*

*Frau Wagner beschließt, Hamburg wieder zu verlassen. Schon im Vorfeld hat sie ihre Fühler nach einer Stelle in Köln ausgestreckt. Sie vereinbart einen Termin mit ihrem Chef. Obwohl sie sich gut auf den Termin vorbereitet hat, ist ihr ein wenig bange. Sie legt ihrem Chef ihre Beweggründe dar, die zu einem Ortswechsel führen. Während des Gesprächs wird sie immer ruhiger und sicherer. Ihr Chef ist zunächst sehr erstaunt und bedauert es sehr, sie zu verlieren. Dennoch zeigt er für ihre Entscheidung Verständnis. Frau Wagner spürt eine große Erleichterung. Sie merkt, dass sie nach langer Zeit befreit atmen kann.*

---

**Auf den Punkt gebracht**

Mit der Schuld wandert die Macht. Überprüfen Sie, wem Sie die Schuld und somit die Macht in Ihrem Leben geben. Wenn Sie glauben, Sie sind an allem selbst Schuld, dann bedenken Sie, dass Sie somit die Macht zur Veränderung haben.

# Aktive Pausen: Ausgleichsübungen am Arbeitsplatz

## Mobilisation der Wirbelsäule

Ausgangsposition: sitzend, mit den Armen auf dem Oberschenkel abstützen.

Ausführung: Rollen Sie Ihren Oberkörper ein, führen Sie die Nase Richtung Bauchnabel und rollen Sie Ihren Oberkörper anschließend wieder auf (Oberkörperstreckung).

Anmerkung: Sie sollten genügend Platz zur Rückenlehne haben.

## Mobilisation der Nackenmuskulatur

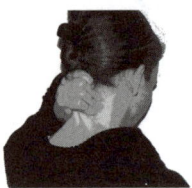

Ausgangsposition: Karnickelgriff an den Nacken; Nacken-muskulatur greifen und festhalten.

Ausführung: Führen Sie mit dem Kopf erst kleine, dann größere Nick- und Drehbewegungen aus. Dabei halten Sie den Druckgriff mit der Hand im Nacken.

Anmerkung: Achten Sie auf ein angenehmes Gefühl.

## Entspannung der Augen (Palmieren)

Ausgangsposition: sitzend.

Ausführung: Reiben Sie die Handflächen gegeneinander und legen Sie anschließend die Hände auf die Augen, so-dass die Nase frei bleibt. Augen schließen, Ellbogen abstützen (auf den Knien oder auf dem Tisch)!

Anmerkung: Kein Licht sollte auf die Augen erreichen. Verweilen Sie zehn bis 20 Minuten in dieser Entspannungshaltung.

## Kräftigung der Brustmuskulatur

Ausgangsposition: sitzend, Oberkörper aufrecht, die Handflächen werden vor dem Körper zusammengeführt, Ellbogen schauen nach außen.

Ausführung: Drücken Sie die Hände ca. 20 bis 40 Sekunden fest gegeneinander.

Anmerkung: Die Hände bleiben nah am Körper; achten Sie auf eine aufrechte Haltung.

## Dehnung der Brustmuskulatur

Ausgangsposition: stehend, mit aufrechtem Oberkörper.

Ausführung: Lehnen Sie sich mit gestrecktem Arm seitlich an die Wand, drehen Sie Ihren Oberkörper um ca. 90 Grad in die Gegenrichtung, bis Sie die Dehnung in der Schulter und Brustmuskulatur spüren.

Anmerkung: Bauen Sie langsam Spannung auf, nicht wippen oder ruckartig bewegen!

## Dehnung der Rückenmuskulatur (Strecken/Räkeln)

Ausführung: Arme zeigen in Richtung Decke; Hände so weit wie möglich nach oben ziehen.

Anmerkung: Diese Übung können Sie im Sitzen und im Stehen ausführen.

Variation: Ziehen Sie Ihre Hände wechselseitig nach oben.

## Dehnung der Nackenmuskulatur – Übung 1

Ausgangsposition: aufrecht sitzend oder stehend, Hände hinter dem oberen Hinterkopf verschränken.

Ausführung: Ziehen Sie Ihren Kopf langsam nach vorne auf die Brust, bis Sie einen Zug direkt an der Wirbelsäule spüren; Brustwirbelsäule dabei gerade lassen.

Anmerkung: Ziehen Sie beim Ausatmen den Kopf noch ein kleines Stückchen weiter nach vorne. Führen Sie die Übung immer langsam und bewusst aus, nie ruckartig!

## Dehnung der Nackenmuskulatur – Übung 2

Ausgangsposition: sitzend oder stehend, rechtes Ohr zur rechten Schulter, Oberkörper bleibt dabei gerade.

Ausführung: Die rechte Hand erhöht die Spannung, der linke Arm zieht Richtung Boden. Über Zug der linken Hand kann die Intensität der Dehnung beeinflusst werden. Lösen Sie die Spannung, indem Sie die zum Boden ziehende Hand lösen.

Anmerkung: Führen Sie die Übung immer langsam und bewusst aus, nie ruckartig!

## Mobilisation Schultergürtel

Ausgangsposition: sitzend oder stehend, aufrechter Oberkörper.

Ausführung: Kreisen Sie Ihre Schultern von vorne nach hinten. Achten Sie auf einen möglichst großen Bewegungsumfang.

Anmerkung: Betonen Sie besonders die Bewegung nach hinten-unten.

## Kräftigung Schultergürtel und oberer Rücken

Ausgangsposition: aufrecht sitzend oder stehend.

Ausführung: Winkeln Sie Ihre Ellbogen um 90 Grad an und heben Sie sie knapp bis zur Schulter. Ziehen Sie die Ellbogen nach hinten und Ihre Schulterblätter zusammen. Die Finger zeigen dabei nach vorne.

Anmerkung: Ziehen Sie die Schulter nicht nach oben. Spannen Sie Bauch und Rücken an, atmen Sie locker.

## Dehnung der Kniebeuger

Ausgangsposition: Setzen Sie sich aufrecht ganz nach vorne auf die Sitzfläche. Stellen Sie ein Bein gestreckt mit der Ferse auf den Boden.

Ausführung: Beugen Sie Ihren Oberkörper mit geradem Rücken nach vorne und winkeln Sie Ihr Knie leicht an, um den Zug auf die Muskulatur zu verstärken.

Anmerkung: Sie können die Übung auch im Stehen durchführen. Stellen Sie das Bein eventuell auf eine kleine Erhöhung.

## Koordination

Ausgangsposition: Halten Sie Ihre Hände in Brusthöhe nach vorne. Eine Hand streckt den Daumen nach oben, der andere Daumen wird in die Faust gesteckt.

Ausführung: Klatschen Sie vor dem Körper in die Hände und wechseln Sie zügig Daumen und Faust.

## Kräftigung Bauchmuskulatur

Ausgangsposition: sitzend, ein Arm ist auf Schulterhöhe und gebeugt.

Ausführung: Führen Sie Ihren gehobenen Arm mit dem Bein diagonal zusammen und lösen Sie die Stellung wieder.

Anmerkung: Arm und Bein treffen sich in der Mitte des Weges.

Variation: einseitig, alternieren

## Erprobte Wege aus der Falle

▸ **Wahrnehmungslenkung:** Werden Sie sensibel für Ihren Körper und Ihre Bedürfnisse. Fragen Sie sich: Was möchte ich? Was tut mir gut? Was tut mir nicht gut?

▸ **Alarmsignale erkennen:** Aktivieren Sie Ihr Frühwarnsystem. Registrieren Sie die ersten Alarmsignale. Öffnen Sie sich vertrauensvoll Ihren Mitmenschen. Sprechen Sie von Ihren Alarmsignalen. Suchen Sie aktiv nach Lösungen.

▸ **Lernen Sie, Nein zu sagen!**

▸ **Pausen:** Planen Sie bewusst Pausen in Ihren Alltag ein und halten Sie diese ein.

▸ **Selbstwertgefühl und Anerkennung:** Erhöhen Sie Ihr Selbstwertgefühl. Schreiben Sie ein Erfolgsbuch. Konzentrieren Sie sich auf Ihre Stärken und gehen Sie gelassen mit Ihren vermeintlichen Schwächen um. Schwächen lassen Sie menschlich erscheinen!

▸ **Jour fixe:** Machen Sie immer mal wieder einen persönlichen Jour fixe.

▸ **Mit der Schuld wandert die Macht.** Nehmen Sie Ihr Leben selbst in die Hand, bleiben Sie mächtig.

▸ **Schaffen Sie** gegenseitig vernetzte Abhängigkeiten. Geben und Nehmen muss ausgeglichen sein.

▸ **Glaubenssätze:** Überprüfen Sie Ihre Glaubenssätze und ändern Sie diese gegebenenfalls.

▸ **Humor:** Nehmen Sie das Leben mit Humor. Nehmen Sie sich selbst nicht immer so ernst.

▸ **Lachen Sie mit anderen!**

▸ **Denken Sie darüber nach,** was Ihnen wirklich wichtig ist im Leben!

# Literaturliste

Asgodom, S.: Eigenlob stimmt, München 2003.

Benkert, O.: Stressdepression – Die neue Volkskrankheit und was man dagegen tun kann, München 2005.

Fiedler, C./Plank, H.: Stressmanagement – So beugen Sie dem Burn-out vor, München 2009.

Hillert, A./Marwitz, M.: Die Burn-out-Epidemie oder Brennt die Leistungsgesellschaft aus?, München 2006.

Hillert, A./Koch, S./Hedlund, S.: Stressbewältigung am Arbeitsplatz – ein stationäres berufsbezogenes Gruppenprogramm, Göttingen 2007.

Jaggi, F.: Burn-out – praxisnah, Stuttgart 2008.

Kolitzus, H.: Das Anti-Burnout-Erfolgsprogramm, München 2007.

Kroschel, E.: Die Weisheit des Erfolgs, München 2008.

Krusche, H.: Der Frosch auf der Butter, München 2000.

O´Connor, J./Seymour, J.: Neurolinguistisches Programmieren: Gelungene Kommunikation und persönliche Entfaltung, Kirchzarten bei Freiburg 1999.

# Stichwortverzeichnis

# Die Autorinnen

Claudia Fiedler, geb. 1972, ist Diplom-Sozialpädagogin, Beraterin und Dozentin an Hochschulen. Als freiberufliche Trainerin und Beraterin ist sie zuständig für die Beratung von Arbeitnehmern, das Coaching von Führungskräften und Schulungen zu psychosozialen Themen und Gesundheitspräventionsmaßnahmen.

Ilse Goldschmid, geb.1957, ist Geschäftsführerin der Motio GmbH München/Karlsruhe, Businesscoach, Trainerin, Beraterin und NLP-Master. Ihre Kernkompetenzen sind Führungskräftecoaching, Stressmanagement sowie Personal- und Organisationsentwicklung. Als Geschäftsführerin berät sie verschiedene Unternehmen zum Thema betriebliches Gesundheitsmanagement.

Impressum:

Verlag C. H. Beck im Internet: www.beck.de
ISBN: 978-3-406-60846-9
© 2010 Verlag C. H. Beck oHG
Wilhelmstraße 9, 80801 München

Lektorat und DTP: Text + Design Jutta Cram, 86157 Augsburg, www.textplusdesign.de
Umschlaggestaltung: Ralph Zimmermann – Bureau Parapluie
Umschlagbild: iStockphoto © Sven Hoppe
Druck und Bindung: Druckhaus „Thomas Müntzer" GmbH, 99947 Bad Langensalza

Gedruckt auf säurefreiem, alterungsbeständigem Papier
(hergestellt aus chlorfrei gebleichtem Zellstoff)